知っておきたい

日本の古典芸能 講談

瀧口雅仁 編著

丸善出版

はじめに

みなさんは『文七元結《ぶんしちもっとい》』や『赤穂義士伝《あこうぎしでん》』、『勧進帳《かんじんちょう》』に『壺坂霊験記《つぼさかれいげんき》』といった作品名や、その内容といったものをご存知でしょうか。

ここで挙げた作品が演じられる、日本を代表する芸能である歌舞伎《かぶき》・落語・講談・浪曲《ろうきょく》などには、日本人が古来から持ち続ける、〝日本人らしい〟心情や生き方といったものが色濃《こ》く描《えが》かれてきました。

この巻で紹介《しょうかい》する講談は、一見すると、落語に似た芸ですが、その起こりは軍記物《ぐんきもの》や歴史物に注釈《ちゅうしゃく》（補足的《ほそくてき》な説明）を加えて聞かせる「太平記《たいへいき》読み」にあるとされることから、講談は「読む」芸とされています。また講談は「講釈《こうしゃく》」とも呼ばれています。演じる形も釈台《しゃくだい》というテーブルを演者の前に置き、張《は》り扇《おうぎ》を調子よく叩《たた》きながら読み進めることで、作品の舞台が映《は》え、登場人物が躍動《やくどう》をはじめ、さらに「地《じ》」と呼ばれる演者自身の語りによって、次々に読まれていく歴史用語などに、自然とのめり込んでいく芸能です。

そこで描かれるのは、学校で学び、先人から教わる道徳的なものばかりでなく、時には侠客《きょうかく》（博打《ばくち》などを生活の糧《かて》にした、親分・子分の関係で結ばれている遊び人）の世界に生き、権力者や身分の上の人に盾突《たてつ》くように、弱きを助け強きをくじく人物が活躍《かつやく》する物語もあり、講談はそうした人々の姿を楽しむ芸能でした。

ところが時が進むにつれて、そうした伝統芸能に触《ふ》れていくなかで、使われる言葉が難《むずか》しく感じられたり、風俗《ふうぞく》や習慣といった生活文化が現在と異なってきたことによって、内容的に分かりづらくなった物語も多くなってきました。タイトルは知っているけれども、内容までは知らないというのには、そうした理由もあるかと思います。

とは言え、時代が変わったとしても、日本人としての気持ちや、人を思う心といったものは変わらないはずです。だからこそ、そうしたことを描いている作品を知らないでいるのは、実にもったいないと常々感じています。

また近年、日本文化を見直す動きのなかで、日本文化に興味を持つ外国の人にそうしたことを伝える機会が増えてきています。そんなときに、文化を色濃く描いた素晴《すば》らしい作品が日本にあることを誇《ほこ》らしく伝えることができたり、「温故知新《おんこちしん》」という言葉があるように、そうした作品を知っておくことで、また新しい日本の文化の発見につなげていくこともできます。

そこで、今回のこのシリーズでは、以前であれば多くの人が当然のように知っていたストーリーで、これからの時代にも大切に伝え残していき、そして多くの人に改めて知っておいてもらいたい有名な作品を読み物として紹介しています。

ただし伝統芸能や大衆《たいしゅう》芸能の多くは、先人たちから受け継《つ》いだもので、それを伝承《でんしょう》してきた演者の流派であったり、それぞれの型といったものがあったりもします。また、落語や講談、浪曲のような、いわゆる話芸は演者の個性が出やすい芸能であり、そうしたジャンルの作品を紹介するときには、語りとしての話のエッセンスは残しながらも、演者のクセといったものを廃《はい》して、読みやすさや分かりやすさを優先すべきと考え、読み物として楽しめるように再構成しました。その際、それぞれの芸の良さをも味わってもらうために、リズムやテンポを生かして紹介したものがあることもお断りしておきます。

また各演目には、作品を楽しむためのポイントと解説（作品の成り立ちと背景《はいけい》）を示し、分かりにくい用語や単語には説明を付けたので、それらを参照しながら読み進めてみてください。

この本がみなさんにとって、日本の伝統芸能や大衆芸能に触れるきっかけとなって、実際に講談を聴《き》いてみたり、また古今東西に誇るべき日本文化を享受《きょうじゅ》（自分のものとして受け入れる）するための手助けになれば幸いです。

二〇一九年　初秋

瀧口雅仁

もくじ

この本を読む前に

一 「演題」の見出し ● の白抜《しろぬ》き文字「世話物」などの説明

世話物《せわもの》　主に江戸の市井《しせい》（人が集まり暮らす場所）で生活をしていた人々の姿や生き方を描《えが》いた作品です。

歴　史　日本史などでも知られる実際に起こった有名な事件や出来事を中心に、その様子や人物の言動などを描《えが》いた作品です。

政談《せいだん》　主に江戸時代の裁判を題材にした物語です。大岡忠相《おおおかただすけ》（越前守《えちぜんのかみ》）といった実在した人物をはじめ、名奉行《めいぶぎょう》の見事なお裁きぶりを描《えが》いた作品です。

親　子　子どもを間に挟《はさ》み、家族のあり方であったり、家族の理想の姿を描《えが》いた作品です。

兄　弟　兄弟や姉妹が互いにどう思い、どのように相手のための行動を取るかを描《えが》いた作品です。

夫　婦　夫婦としてのあるべき理想像であったり、夫婦としての葛藤《かっとう》（互《たが》いに譲《ゆず》らないで対立すること）といったものを描《えが》いた作品です。

義理・人情《にんじょう》　「義理と人情の板挟《いたばさ》み」という言葉があるように、社会に生きる道徳や習慣であり、人としての正しい道筋を示す「義理」と、人間らしい思いやりの情としての「人情」との対立や葛藤《かっとう》（心の中に相反《あいはん》する思いが生まれその間で悩むこと）の中で、登場人物たちがどのように行動するかを描《えが》いた作品です。

出世《しゅっせ》　苦労に苦労を重ね、さらに努力と弛《たゆ》まぬ鍛錬《たんれん》（なまけることなく自分を鍛《きた》えること）によって、末には社会的な地位を得た歴史上の人物の姿を取り上げた作品です。

才覚《さいかく》　歴史上に登場する、知恵が働き、機転《きてん》の利《き》く人物の逸話《いつわ》（エピソード）を盛り込んだ作品です。

友情　親友や友人との親愛の情がどのような場面に生まれ、互《たが》いの信頼を育《はぐく》んでいくのかを描《えが》いた作品です。

嫉妬《しっと》　嫉妬（やきもち）が引き起こす顚末《てんまつ》（事の始まりから終わりまで）を描《えが》いた作品です。

名人　学問や技芸に秀《ひい》でた人物の姿や逸話《いつわ》（エピソード）を盛り込んで描《えが》いた作品です。

二　ルビの説明

小学校六年間で習う漢字一〇二六字以外の漢字にルビを振《ふ》りました。なお、漢字そのものは小学校で習っていても、小学校では習わない読み方にもルビを振りました。

【例】　流行《はや》り、時化《しけ》

三　「知っておきたい用語集」の説明

この本では、実際《じっさい》に作品が舞台で演じられている様子をみなさんに知ってもらいたかったので、あえてやさしい言葉に変えないで、演じられている形を活字にしました。やさしい言葉に置き換えない方が、早くから古典芸能を知ることができ、それが大切と考えたからです。本書を読めば、古典芸能の実演に接したときに、楽しみがより深くなると思います。したがってこの本には聞きなれない言葉や歴史的な言葉がたくさん出てきます。

そこで、小学校高学年や中学校低学年には難《むずか》しいと思われる言葉には、各演題の最後に解説を付けました。また、今は使われない歴史的な言葉や、各作品の中で重要な意味を持つ単語や表現も解説しました。各作品の最後に載《の》せた「知っておきたい用語集」で解説した言葉は、「本題」に出てくる順番に並べ、また巻末に五十音順の「さくいん」を付けましたので、そこから調べることもできます。

わからない単語や表現は、物語の前後の展開からその意味を類推《るいすい》（おしはかる）するのも作品を楽しむコツですが、分からないときは「知っておきたい用語集」や、巻末「さくいん」で調べながら読み進めてください

四　本文の説明

各作品は、実演や口演《こうえん》、残された速記や資料をもとに活字に直しました。したがって演者や演出などによっては、このシリーズで紹介した物語の内容や展開と異なる場合があります。

また、上演時に使用される言葉についても、今となっては使われることの少ない言い回しや、古語や芝居《しばい》特有の言葉も登場しますが、あくまでも読み物としての読みやすさなどを考慮《こうりょ》して、現代に通じやすい表現に置き換えたものもあります。

ただし、職人や江戸っ子などが使用した、例えば「やりねぇ」「わからねぇ」などの会話言葉については、作品の雰囲気《ふんいき》を損《そこ》なわないように、原則、そのままにとどめることにしました。

なお、本文の細かな表記については、以下の通りで記《しる》しています。

・句読点は原則、演者が息をつぐところに打ちましたが、読みやすさに準じて、適宜《てきぎ》、打ち直しました。

・間《ま》をもたした（わざと台詞《セリフ》などを言わない空白の時間）ところは、「……」で表しました。
・「へえ」「へェ」の区別については、原則、返事の場合は「へえ」、それ以外は「へェ」としました。
・「ねえ」「ねェ」の区別については、原則、念を押すような場面や「〜ない」が転じた場合には「ねえ」、その他は「ねェ」としました。
・ルビは演者などの発音にしたがって振ったものもあります。
・仕草《しぐさ》については、その場面を想像するのに必要と思われるところに挿入《そうにゅう》しました。

講談

秋色桜
〈しゅうしきざくら〉

歴史　親子　人情　出世　才覚

●作品のポイント●

「栴檀《せんだん》は双葉《ふたば》より芳《かんば》し」ということわざがあるように、大成《たいせい》する人は幼い頃《ころ》より人並み優れていると言われます。ただし本当に大成する人は、決して驕《おご》り高ぶることなく、育ててくれた親や恩人のことは大切にしています。

この話の主人公であるお秋《あき》は、どのように父親と俳諧《はいかい》に思いを注いだのでしょうか。親孝行であり、自分の名が世間に知れ渡《わた》ってきても、親を大切にすることは忘れないでいる。そして常に他人にも謙虚《けんきょ》でいる姿は見習うべきところがあるはずです。

そうしたお秋の様子から、今一度、自分はどうあるべきかを考えてみてはいかがでしょうか。

【本　題】

出世する人は、幼い頃《ころ》から既《すで》にその力を発揮《はっき》しているようです。

元禄《げんろく》年間（一六八八〜一七〇七）、日本橋茅場町《かやばちょう》の植木店《うえきだな》で暮らす宝井其角《たからいきかく》。「梅が香《か》や隣《となり》は荻生総右衛門《おぎゅうそうえもん》」という句《く》がありますように、隣は荻生徂徠《おぎゅうそらい》の家。その反対側には寺子屋《てらこや》があり、子どもが大勢《おおぜい》集まり、手習《てならい》の稽古《けいこ》をしています。

ある日のこと、子どもが好きな其角が寺子屋を訪ねます。

「ごめんなさいよ。おや、ご主人はお留守《るす》ですか」

「まあ、宗匠《そうしょう》いらっしゃいまし。今、あいにく主人は留守《るす》なんですけれども、いつもこうして子どもたちが集まって、さぞかしおやかましいことでございましょう」

「私は子ども衆《しゅう》が好きですから、お構《かま》いなく」と、縁側《えんがわ》に腰《こし》を掛《か》け、ふと部屋《へや》の中を眺《なが》めると、もののみごとに書かれた「寿《ことぶき》」という字が目に入りました。書いたのは「お秋《あき》」という七つになる女の子。

「ご挨拶《あいさつ》をなさい」と言われたお秋は、その場に筆を置き、紅葉《もみじ》のような可愛《かわい》い手を揃《そろ》えて、「こんにちは」と挨拶をする。

「よくお辞儀《じぎ》ができますな」

「この子は本当に利口《りこう》でございまして、先日も宅《たく》で運座《うんざ》がございまして、大勢様《おおぜいさま》がお集まりのとき、垣根越《かきねご》しに『あれは何をしているのですか』と尋《たず》ねますから、あれは発句《ほっく》、俳諧《はいかい》というものだと教えましたところ、『これで句になりますか』と書いて出したものがあるのですが、いかがでございましょう。ご覧《らん》願いたいのですが」。

差し出す紙を受け取ってみますと、そこには「初雪《はつゆき》や二の字二の字の下駄《げた》の跡《あと》」という句がある。

「七つでこれだけの句が詠《よ》めるとは」と感心した其角は、「私が仕込んでみたいと思いますが、いかがでございますな」と言うと、お秋も習いたいということで、半日は手習《てなら》い、あとの半日は俳諧の稽古《けいこ》をすることになりました。

筋《すじ》がいいと見えまして、わずかな間にめきめきと上達《じょうたつ》をいたします。お秋は「秋」という名の下に「色」の字をつけまして、俳名《はいみょう》を「秋色《しゅうしき》」と名乗ることになりました。

お秋の父親はその日暮らしの菓子屋《かしや》の職人で、決して豊かな家ではなく、手習いに行かせるのが関《せき》の山でしたので、まさか娘が俳諧の稽古をしているとは夢にも思っていませんでした。

お秋が数え歳十三のときのことでございます。

「お父っつぁん、今日、お師匠《ししょう》さんが上野のお山にお花見に連《つ》れて行ってくださるんですが、行ってもいいでしょうか」

「ああ、いいとも、行ってきな。おれも行きたいが、仕事が忙《いそが》しくて行けないからな。その代わり、箪笥《たんす》の二番目の引き出しにいい着物があるから、それを着ていきな。だけど断《ことわ》っておくが、ひっくり返って手足擦《す》りむいてもかまわねェけど、着物だけは汚《よご》さないように頼《たの》むぞ」

と、男手《おとこで》でございますから、娘より着物の方が大事と見えます。

大勢揃《そろ》って上野の山へと向かいますと、他の子どもたちが嬉々《きき》として戯《たわむ》れている中、お秋が一人離《はな》れて清水堂《きよみずどう》の脇《わき》に咲《さ》いた大般若桜《おおはんにゃざくら》の花に見とれております。するとその向こうの方から職人体《しょくにんてい》の酔《よ》っ払《ぱら》い二人がフラフラとやってくる。一人の男がよろけて桜の幹《みき》に手を掛けて、前の脇《わき》の井戸に手を着こうとしたので、もう一人の男が「危《あぶ》ないぞ」と男を抱《かか》えるようにして立ち去って行くのを見送ったお秋が、矢立《やたて》から筆を取り出してしたためましたのが、「井の端《はた》の桜あぶなし酒の酔い」。そこに「秋色」と書いて桜の枝にぶら下げまして、みんなと一緒《いっしょ》に遊び始めました。

するとその句が宮様《みやさま》の目に留まりました。

「これは何者じゃ」

「当山《とうざん》に出入りをいたします、其角宗匠の女弟子《でし》と承《うけたまわ》ります」

「何歳じゃ」

「十三とのことにござりまする」

「女子《おなご》は許さぬ当山《とうざん》なれど、十三なれば差し支《つか》えなし。これに呼べ」

鶴《つる》の一声、早速、ご沙汰《さた》が下《くだ》ると、お秋と父親の六右衛門《ろくえもん》が奉行所《ぶぎょうしょ》に呼び出されました。事情を知らない六右衛門はびくびくしながら奉行所へ参ります。

「小網町《こあみちょう》家主《やぬし》、藤兵衛《とうべえ》店子《たなこ》六右衛門と申すか。つむりを上げよ。そちゃ何歳に相成《あい》る」

「四十三でございます」

「生業《なりわい》は何じゃ」

「なりはご覧《らん》の通り、木綿物《もめんもの》でございます」

「そうではない。何を職《しょく》といたしおるかと尋《たず》ねておるのじゃ」

「菓子屋の職人でございます」

「娘、秋は何歳に相成る」

「お秋は十三と言っておりますが、それは数え年でございまして、本当のところは十一と三ヵ月でございます。何をやったか知りませんが、まだ小さい子どものことでございます、どうぞ大目《おおめ》に見てやっていただいとうございます」

「娘秋は、常日頃《つねひごろ》より、俳諧《はいかい》をいたしおるか」

「あっしの稼《かせ》ぎが少ねえもんでございますから、娘が働いてくれりゃあ助かるんでございますが、可愛《かわ》い娘のことでございます。灰買《はいか》いなんぞはさせませんけれど」

「貧しくとも俳諧をいたして悪いことはないぞ」

「悪くないかは知らねぇが、あれは風が吹くと目に入って痛《いと》うございますから……」

「お父っつぁん、実は私、お父っつぁんには内緒《ないしょ》で、俳諧をしてたんです」

「やってたのか。それならそれで、何でお父っつぁんにひと言《こと》言わねぇんだ。お奉行様、どうも申し訳ございません。娘はあっしに黙《だま》って灰を買っていたそうで……」。

「町役《ちょうやく》一同申し聞け、秋は明日、上野宮家《うえのみやけ》へお召《め》しに相成った。尊《とうと》いお方の御前故《ごぜんゆえ》、木綿《もめん》でよいが紋付《もんつき》を着せ、心確《こころたし》かなるものを付け、お山《やま》へ上げよ。そちたち町内より、かかる少女の出《い》でしことは誉《ほま》れであろう。父は愚昧《ぐまい》である。一同にて計《はか》らい遣《つか》わせ」

翌日、お秋は上野の宮様の前に参上をする。正面には宮様、周りには寺侍《てらざむらい》がズラリと居並《い》んでおります。普通の者なら固くなるところでしょうが、歳十三になる娘であるも態度《たいど》に変わりはありません。

その時に下《くだ》し置かれたお題が「柳《やなぎ》に寄せる車」。

秋は筆を取ると、「青柳《あおやぎ》や車の下のこぼれ米《ごめ》」。

「よくできた」というお褒《ほ》めのお言葉に、たくさんの御褒美《ごほうび》を頂いてわが家へと戻《もど》りました。

このことがありましてから、お秋はたびたび宮様の元にお召《め》しになり、また大名諸家《しょか》が話を聞き付け、次から次へとお召しになります。次第《しだい》に懐《ふところ》が裕福《ゆうふく》になってきましたので、小網町《こあみちょう》の表通りに家を一軒《いっけん》買いまして、表に「俳諧指南《しなん》」の看板《かんばん》を掲《かか》げます。小網町の女宗匠《おんなそうしょう》として、そして親孝行として名を知られます。

ある日のこと、お秋が宮様の元へ参上することになり、その庭を父六右衛門に見てもらいたいと思ったお秋は、父をお供《とも》の者と偽《いつわ》って同道《どうどう》させることにします。すると周りの者は彼がお秋の父親であるとは気づいていない。

夕方になり、雨が降り出したので、帰り道にお秋は駕籠《かご》に乗り、雨具《あまぐ》を借りた父親が提灯《ちょうちん》を持って駕籠を先導《せんどう》して歩いていくことになった。

その駕籠が上野広小路《ひろこうじ》までやってくると、お秋が突然《とつぜん》、腹痛《ふくつう》に襲《おそ》われたと駕籠屋に告《つ》げ、薬を買って来てもらいたいと頼《たの》みます。駕籠屋がいなくなったのを見計《みはか》らってお秋は、腹痛になったのは嘘《うそ》だと父親に打ち明け、親が歩き、子どもが駕籠に乗るのは申し訳ないので入れ替《か》わって貰《もら》いたいと口にする。そして父親が駕籠に乗り、お秋は雨具で姿を隠《かく》して歩くことになりました。

小網町の自宅に到着すると、お秋は偽って父親と入れ替わっていたことを駕籠屋に詫《わ》び、駕籠屋は口止めされましたが、いつの間にかこの話が広まり、お秋は孝女《こうじょ》ということでお上《かみ》から褒美《ほうび》を頂戴《ちょうだい》いたします。

のちにお秋は照降町《てりふりまち》に煎餅屋《せんべいや》を出し、その店は今も「秋色庵《しゅうしきあん》」という名で残っております。

また、今も上野の清水堂《きよみずどう》の脇《わき》には、お秋が詠《よ》んだ大般若桜《おおはんにゃざくら》が、代は変わりましたが立っておりまして、そばに石碑《せきひ》が建っています。そこには「井の端の桜あぶなし酒の酔い」と秋色の句が刻《きざ》まれ、この桜はいつしか「秋色桜」と呼ばれるようになりました。

いまだに上野に残す名木《めいぼく》秋色、孝女お秋の出世《しゅっせ》の物語でございます。

●作品の背景●

主人公の秋色女《しゅうしきじょ》は江戸中期に実在した女流俳人《じょりゅうはいじん》です。寛文《かんぶん》九年（一六六九）ごろに江戸に生まれ、享保《きょうほう》十年（一七二六）に亡《な》くなりました。夫もまた宝井其角門人《もんじん》であった寒玉《かんぎょく》という俳人でした。

講談の中で読まれるように、今も上野公園内の清水観音堂には、九代目の秋色桜とともに秋色女が詠んだ句碑《くひ》が建っています（九ページを参照）。

そうしたノンフィクションに基づく読切り物の講談の一つで、女性講談師が好んで演じる他、浪曲で演じる人もいます。

知っておきたい用語集

栴檀《せんだん》は双葉《ふたば》より芳《かんば》し　白檀《びゃくだん》は発芽《はつが》のころから香気《こうき》を放つことから、大成する人は幼少のときから優れているというたとえ。

植木店《うえきだな》　現在の東京都中央区日本橋茅場町《かやばちょう》一丁目周辺にあった長屋とその通りの名。町内にある日枝《ひえ》神社の縁日《えんにち》で植木商人が店を並べたことから、そう呼ばれるようになった。

宝井其角《たからいきかく》　榎本《えのもと》其角。寛文《かんぶん》元年（一六六一）〜宝永《ほうえい》四年（一七〇七）。江戸前・中期の俳人。松尾芭蕉《ばしょう》の門人《もんじん》で蕉門十哲《しょうもんじってつ》の筆頭《ひっとう》。豪放闊達《ごうほうかったつ》（心が広くささいなことにこだわらないこと）な都会風な作風《さくふう》が特徴《とくちょう》で、芭蕉の句を集めた『猿蓑《さるみの》』の序文も書いている。

荻生徂徠《おぎゅうそらい》　寛文六年（一六六六）〜享保《きょうほう》十三年（一七二八）。江戸中期の儒学者《じゅがくしゃ》であり、五代将軍徳川綱《つな》吉《よし》の侍医《じい》方庵《ほうあん》の子。通称・惣右衛門《そうえもん》。林春斎《はやししゅんさい》・鳳岡《ほうこう》に学び、のちに柳沢吉保《やなぎさわよしやす》に用いられ、古文辞学《こぶんじがく》を大成《たいせい》した。また私塾《しじゅく》「蘐園《けんえん》」を開いて多くの門弟《もんてい》を育てた。（『徂徠豆腐』参照）

寺子屋《てらこや》　江戸時代にあった庶民《しょみん》のための初等《しょとう》教育機関。武士や僧侶《そうりょ》、医者、神職《しんしょく》などが師となり、手習《てなら》い・読み方・そろばんなどを教えた。江戸では「手習い」と呼ぶことが多い。

宗匠《そうしょう》　文芸や技芸などの道に熟達《じゅくたつ》しており、人に教える立場にある人。和歌・連歌《れんが》・俳諧《はいかい》・茶道《さどう》・華道《かどう》などの師匠。

運座《うんざ》　俳諧《はいかい》で、多数の人が集まり一定の題をもとに句をつくり、互選《ごせん》する会。

発句《ほっく》　連歌《れんが》や俳諧《はいかい》で、連句《れんく》の発端《ほったん》である五・七・五の十七音を指す。

俳諧《はいかい》　俳句（発句《ほっく》）、連句《れんく》および俳文《はいぶん》などの総称。

数え年《かぞえどし》　生まれた時点で一歳とし、正月を迎《むか》えるごとに一歳ずつ加えていくという年齢の数え方。

男手《おとこで》　ここでは男の労力。また、男の働き手のこと。

清水堂《きよみずどう》

→**清水観音堂《きよみずかんのんどう》**　上野恩賜《おんし》公園内にある、観音様を祀《まつ》るお堂。

大般若桜《おおはんにゃざくら》　清水観音堂の脇《わき》に生《は》える枝垂桜《しだれざくら》。

清水観音堂《きよみずかんのんどう》に建っている句碑《くひ》

「井の端の桜あぶなし酒の酔い」

［編著者撮影］

矢立《やたて》　携帯《けいたい》用筆記用具の一種で、硯《すずり》と筆を一つの容器に収めたもの。

宮様《みやさま》　日光の日光山輪王寺門跡《にっこうさんりんのうじもんぜき》（僧侶《そうりょ》）を兼《か》ねた、上野の東叡山寛永寺貫主《とうえいざんかんえいじかんじゅ》を指す。東叡大主《とうえいだいしゅ》とも呼ばれ、江戸の庶民からは「上野の宮様」などと呼ばれた。

小網町《こあみちょう》　現在の東京都中央区日本橋小網町。

灰《はい》を買う　江戸のリサイクル業の一つで、家庭にあったかまどの灰を買い集めて、紺屋《こんや》用（紺を染める際に用いる）や酒造《しゅぞう》用（清酒《せいしゅ》をつくる際に用いる）に販売したり、また肥料《ひりょう》などにもした。

愚昧《ぐまい》　おろかでものの道理にくらいこと。また、そのさま。愚鈍《ぐどん》。

寺侍《てらざむらい》　江戸時代に門跡寺院《もんぜきじいん》などの格式《かくしき》高い寺に仕《つか》え、警護《けいご》や寺務《じむ》などにあたった武士。

照降町《てりふりまち》　現在の東京都中央区日本橋小網町、日本橋小《こ》舟町《ぶなちょう》周辺にあった通りの名。江戸時代に下駄《げた》や傘《かさ》、雪駄《せった》を売る店が並び、晴れた日には雪駄が売れ、雨が降れば傘や下駄が売れたことから名付けられた。

談曲 講浪 落語

徂徠豆腐

〈そらいどうふ〉

●作品のポイント●

古典芸能にはよく「江戸っ子」が登場します。その特徴《とくちょう》はというと、細《こま》かいことはあまり気にせず、意地っ張りで喧嘩《けんか》っ早い。それでいて涙《なみだ》もろくて、正義感《せいぎかん》あふれる……などと色々ありますが、この話に登場する豆腐屋《とうふや》さんは、そんな江戸っ子の代表にあたるかも知れません。損得《そんとく》を最初から考えることなく、困っている人がいれば助けるのが当たり前という人物です。

また、「情けは人の為《ため》ならず」という言葉がありますが、それは他人のためにならないから情けをかけてはいけないという意味ではなく、情けをかければ自分のところに返ってくるという意味であることはこの話の通りです。さらに、のちに有名になる人は欲を捨て、自分の進むべき道に一途《いちず》に向かうという様や、その名を明かすことなく、世に出るようになってから、実は私が……という展開《てんかい》は出世談《しゅっせだん》によく見られる通りです。

そうした徂徠の生き方と豆腐屋七兵衛《しちべえ》の江戸っ子の気概《きがい》、そして二人の友情を感じ取ってください。

歴史 人情 出世 友情

【本　題】

宝井其角《たからいきかく》が詠んだ「梅が香《か》や隣《となり》は荻生惣右衛門《おぎゅうそうえもん》」という句に登場いたします、江戸時代の大学者である、荻生惣右衛門徂徠《そらい》先生。この方は芝三縁山増上寺《しばさんえんさんぞうじょうじ》近くの裏長屋《うらながや》に暮らしております。

大変な勤勉家でございまして、毎日、本に埋《う》もれて勉強しておりますが、勉強ばかりしているので、働くことができない。そこで家の中にあるものを売り払《はら》い、今では残ったのは本ばかり。ところが本は食べることができませんから、徂徠先生、一昨日《おととい》あたりから食べるものがなくなってしまいました。人間、食べるものがないことほど辛《つら》いものはございません。

元禄《げんろく》十五年（一七〇二）は十一月初めの寒い冬の日の朝のことでございます。

「豆腐《とうふ》ゥ〜ィ」という売り声を聞かせながらやってきたのが、長屋を売り歩く豆腐売り。すきっ腹でその声を聴《き》いたものですから、徂徠先生はたまりません。

「（弱々しい声で）豆腐屋さん、豆腐屋さん……」

三日も何も食べていないので、言葉に力が入らない。

「へい、おはようございます！」

「ああ、大きな声を出してはいけない。腹に声が響《ひび》く……」

「（声を落として）おはようございます」

「（皿を差し出すような形をして）これに豆腐を一丁《いっちょう》……」

「奴《やっこ》にしますか？　賽《さい》の目《め》にしますか？　奴で。へい。（包丁《ほうちょう》で豆腐を切るような仕草《しぐさ》をし、それを皿に持って渡《わた》しながら）へい、お待ち」

これを受け取りますと、徂徠先生は少しだけ残っていた醤油《しょうゆ》をかけ、そのまま皿に口をつけて、かきこむように食べ始めます。

「見事な食いっぷりでございますね。旦那《だんな》は豆腐が大層《たいそう》お好きと見えますが、この寒空《さむぞら》の中、湯豆腐《ゆどうふ》か味噌《みそ》汁《しる》にして食べたらよろしいんではないですか」

「（皿を手にしながら）豆腐屋さんの前だが、世の中で豆腐ほどうまいものはない。第一に値《ね》が安く、食べるのに皮を剝《む》く手間もなければ、骨もない……」

「面白《おもしろ》いことをおっしゃいますね。私らもそうやってうまいうまいって食べてくれますとね、手間暇《てまひま》かけてこしらえた甲斐《かい》があろうというものでございます」

「豆腐屋さん、お前さんの住まいは？」

「芝増上寺門前《もんぜん》で、親代々豆腐屋をして暮らしております、上総屋七兵衛《かずさやしちべえ》と申します」

「覚えておこう」

「どうぞご贔屓《ひいき》に願います。それでお代《だい》が四文《しもん》でございますが」

「豆腐屋さん、あいにくと細《こま》かいのがないので、まとめてお願いします」

「へいへい、よろしうございます。それではご都合《つごう》のよろしいときに。ありがとうございました」

上総屋がいなくなると、徂徠先生、お腹に入れるのは水ばっかり。豆腐一丁で再び勉強を始めます。

そして次の日になり、「豆腐ゥ〜ィ」という声が聞こえると、もうたまりません。

「(弱々しい声で)豆腐屋さん、豆腐屋さん……」

「へい、おはようございます。奴？　へい、お待ち」

それを受け取りますが、昨日まではあった醤油もなければ、塩といったものもありませんから、今日はそのまま食べ始める。

「見事な食いっぷりでございますね。死んだ親父に見せてやりたいものでございますよ」

「(皿を手にしながら)豆腐屋さんの前だが、世の中で豆腐ほどうまいものはない。第一に値が安く、食べるのに皮を剝《む》く手間もなければ……」

「骨もないっておっしゃるんでしょ。昨日《きのう》伺《うかが》いましたよ。で、昨日が四文で今日が四文、合わせて八文となりますが……」

「豆腐屋さん、あいにくと細かいのがないので、まとめて……」

「へい、よろしうございます。それではご都合のよろしいときに。ありがとうございました」

この日もそれからは水ばっかり飲んで過ごしております。

それから三日、四日、五日目となったときに、

「へい、ありがとうございます。旦那《だんな》、今日で五日目になりますので、お代を二十文いただきたく思います」

「豆腐屋さん、今日はあいにくと小さいのがないので……」

「旦那がそうおっしゃるんじゃないかと思いましてね、今日はたっぷりとお釣《つ》りを用意してきました。どうぞ大きいのでお願いいたします」

「豆腐やさん、小さいのがないというのに、大きいのがあると思うか?」

「え? そうしますと、お代はどうなります?」

「さあ、分からんなあ……」

「豆腐のお代はいつ頃《ごろ》いただけるんですか?」

「わしが世に出たなら払《はら》える」

「なるほど。では、一体、いつお出になります?」

「明日にも見出《みいだ》せるかも知れんし、あるいは半年先か、一年先か、運がなければ五年か十年……」

「冗談《じょうだん》言っちゃいけませんよ。たかだか二十文の豆腐のお代を五年も十年も待たされたんじゃ、たまったもんじゃありませんよ。旦那《だんな》はお武家様《ぶけさま》にも見えませんし、一体、何をされていらっしゃるんで?」

と、七兵衛さんが家の中を覗《のぞ》き込んでみると、本ばっかりで他には何にもない。

「あらあ……、何もない。こう見ると、旦那は学者先生でいらっしゃいますか。それじゃあ、火の玉ばかり食ってるんでしょ?」

「火の玉なんぞは食わんぞ」

「よく、火の玉食う、火の玉食うっておっしゃってるじゃありませんか」

「それはな、『子《し》、のたまわく』と言うのだ。わしが食べているのは、おまえさんの豆腐だけだ」

「私のところの豆腐と言っても、一丁でしょ。え？ 一日、豆腐一丁？ 先生、それじゃあ腹が減るでしょう」

「豆腐屋さん、お前さんに払える金もなく、申し訳ない」

「偉《えら》い！ 先生のこと、気に入りましたよ。お武家さんやご浪人《ろうにん》さんというと、とかく高飛車《たかびしゃ》なんですよ。それでいざ勘定《かんじょう》というときになると、やれ豆腐がまずいとか難癖《なんくせ》付けて、お代を払おうとしない。あっしは親父の代からの豆腐屋で、字をろくに読むこともできません。そんな豆腐屋に『申し訳ない』と頭を下げてくれる。その気持ちがうれしいじゃありませんか。そんな先生のためなら、一丁や二丁の豆腐は何でもありません。こりゃあ、豆腐だけじゃいけねえな。明日《あした》は何かうめぇものをこしらえてきますから」

七兵衛は翌朝になると、豆腐の絞《しぼ》り粕《かす》、つまり「おから」という奴《やつ》に味をつけまして、それを丼《どんぶり》に山盛り一杯《いっぱい》持って、先生のお宅を訪ねます。

徂徠先生は大喜びするも、そのお代を尋《たず》ねると「先生が世に出てからお払いください。先生の出世払《しゅっせばら》いです」と返してくるばかり。

先生は「かたじけない。頂戴《ちょうだい》いたす」と言うと、それをいつも以上に美味《おい》しく召《め》し上がります。それからも七兵衛は徂徠先生のところへ、おからを持参しておりましたが、元禄十五年十一月の末のこと。七兵衛がいつものように仕事を終えて家へ戻ってくると、具合が悪いと見えて、そのまま床へ就《つ》くと高熱にうなされます。そして七日の間、病の床《とこ》。

八日目になると、やっと熱が下がり、何とか床の上へ座《すわ》れるようになります。

女房《にょうぼう》へ看病《かんびょう》の礼を言うと、

「お前さん、よそへ女の人でもできたのかい？」

「そんな訳ないだろ」

「でも、お前さん、随分《ずいぶん》とうなされて、女の人の名前を呼んでたよ。おから〜、おから〜って」

「冗談《じょうだん》言うな、どこにおからなんて名前の女がいるんだよ。おから、おから……。あ！（膝《ひざ》をポンと打つ）おっかあ、大変だ。実はこれ、これ、こういう訳で……」

と、先生の訳を話すと、七日も寝ていたんじゃ、これは大変だと、取るものも取らずに、急いで徂徠先生の長屋へ駆《か》けつけます。

「（トントンと扉《とびら》を叩きながら）おはようございます！ 先生！ おからの先生！ おはようございます！ おから持ってこなかったから、干《ひ》からびちゃったかなあ……」

隣《となり》に住んでいるおばあさんへ尋《たず》ねると、先生は二、三日前にフラフラといなくなったと言う。それを聞いた七兵衛はいたく心配をしておりますが、行方《ゆくえ》が分からないのだから、これはどうしようもない。

七兵衛があれやこれや思いながら店へ戻ってくると、悪いときには悪いことが重なるもので、その晩に隣の家から火が出まして、上総屋もその火に巻き込《こ》まれ、夫婦して裸同然《はだかどうぜん》で焼け出されてしまいます。二人とも身体《からだ》が無事《ぶじ》であったというのが何よりとは言え、翌朝《よくあさ》、店の前でたたずむ二人。

「お前さん、どうしたらいいんだろうねえ、この先」

「泥棒《どろぼう》は金目《かねめ》のものだけを持って行くが、火事っていう奴《やつ》は全部持って行きやがる。でもな、なくなっちまったものを今更《いまさら》とやかく言ったってはじまらねぇじゃねぇか。人間、生まれたときはみんな裸なんだ。店にしたって、ありゃあ親父からもらったもんだ。人の道ってえのは、まさかあんなことが、まさかこんなことがって、まさかという『坂』を登るようなもんだ。お前とこうして無事だったんだから、二人でまた手を取って、坂を上りながら店をやり直そうじゃねぇか」

そうして二人で慰《なぐさ》め合っておりますと、日ごろの「徳」といったものはありがたいもので、「焼け出されたんだったら、うちへおいでよ」と知り合いから声を掛《か》けられ、そこで世話になります。

それから二、三日すると、

「ごめん下さいまし。こちらに芝増上寺の門前で豆腐屋をしておりました、上総屋七兵衛さんがご厄介《やっかい》になっているとお聞きしてお伺《うかが》いしたんですが、お出《い》でございましょうか」

見ると、腹掛《はらが》けに印半纏《しるしばんてん》と、見るからに大工《だいく》の棟梁《とうりょう》といった風情《ふぜい》の男が立っております。

「はい、わたくしが上総屋でございますが」

「この度《たび》はとんだご災難《さいなん》でございました。実はあっしゃぁね、大工《でえく》でございますが、さるお方から頼《たの》まれまして、さぞお困りになっているだろうから、これをお使いになるようにと十両お預《あず》かりしてまいりました。その、さるお方が言うには、焼け跡《あと》に一件、店を建てろとおっしゃいますから、さるお方が……」

「ちょ、ちょっとお待ちください。さるお方、さるお方とおっしゃいますが、それはどんなさるお方で？」

「えへへ。さるお方と言っても引っ掻《か》くようなお方ではございません」

「そういう訳じゃないんです。わたしはこれまで人に十両という金を貸したり、返して欲しいと頼んだ覚えもありません。またそんな大金をいただける方とのお付き合いもありません。どなたかのお間違《まちが》えじゃありませんか」

「確かに上総屋七兵衛さんとお聞きしております。さるお方がおっしゃるには、焼け跡に豆腐屋を一軒《いっけん》建てろということでございまして、これからのことですから、目途《めど》は年明け二月ごろになると思いますんで、その折にはまたご案内にまいります」

それだけ言い残すと去《さ》ってしまいます。

七兵衛夫婦はあの大工が誰《だれ》であるとか、さるお方がどのお方なのかを思い出そうとしますが、一向《いっこう》にわからない。しまいには新手《あらて》の「置いてく泥棒《どろぼう》」じゃないかなんていう話にもなります。

そんな話をしているうちに、背に腹は変えられませんから、その金に手を付けてしまう。そうなると、この十両という金は綺麗《きれい》になくなってしまいます。


翌年、元禄十六年二月の末のこと。約束通り、大工の棟梁が訪ねてまいります。

「ごめん下さいまし、上総屋七兵衛さんはいらっしゃいますか」

「ちょいとお前さん、来たよ。例の十両の泥棒だよ」

「これはこの間の……。あの十両ですが、実は……、それがすっかり使っちまいまして……」

「あれはさるお方から使って欲しいと言われて置いていったものですからいいんですがね、そのさるお方から頼まれました店の方が、ある程度目途《めど》がつきまして、さるお方が見にまいりましたんで、ここまで来たのだから、ちょいとご挨拶《あいさつ》にってんで、ご案内申し上げたんでございます。どうぞ、旦那、こちらでございます。お入りになってください」

「(貫録《かんろく》のある口ぶりで)はい、ごめんなさいよ」

入ってまいりました者を見ますと、五つ紋《もん》の黒羽二重《くろはぶたえ》の紋付《もんつき》に、仙台平《せんだいひら》の袴《はかま》を着《つ》けまして、腰《こし》には立派《りっぱ》な大小を差しております。

「上総屋さん、お久しぶりでござったなあ」

「失礼ながら、どこのどなたか存じ上げませんで……」

七兵衛がわからないのも無理はない。以前とは違う、馬子《まご》にも衣装《いしょう》、髪飾《かみかざ》り。

「お見忘れでござるか? 豆腐屋さん……、細かいのがないのでまとめて……」

「え! お、おからの先生!(うれし涙を流しながら)おっかあ、俺《おれ》が話していたおからの先生だよ。偉《えら》く、ご立派《りっぱ》になられて……」

「今日《こんにち》、私があるのは、みな、豆腐屋さんのおかげでございます。実はあれから間もなく、縁《えん》があって、柳沢美濃守《やなぎさわみののかみ》様の見出《みいだ》しに預《あず》かり、将軍家《しょうぐんけ》ご学問所へ出仕《しゅっし》し、八百石の食禄《しょくろく》をいただく身分と相成《あいな》りましてな、すぐにもご挨拶《あいさつ》をと思っていたところに、あの赤穂浪士《あこうろうし》の事件。その後処理《あとしょり》を仰《おお》せつかりまして、なにやかやと手間《てまど》取って、今日《こんにち》に至りました。あのとき、お届けいたしました十両、それにこの度《たび》持参した十両、都合《つごう》二十両を、あの折、頂戴《ちょうだい》をした豆腐の代としてお受け取り下さい」

「へえ、あ、あのときの豆腐のお代は二十文で、それが二十両だなんて……」

「いえ、あの豆腐があったればこそ、今日《こんにち》の荻生徂徠の身分になれたのでございます。それからまた、いただいたおからの礼として、安普請《やすぶしん》ではございますが、豆腐屋を一軒建てさせていただきました」

「豆腐の代金が二十両で、おからのお礼が店一軒！　おっかあ、聞いたか？」

「ありがたいねえ、それにしてもお前さんは馬鹿《ばか》だねえ。何であのとき、おからの上にがんもどきを載《の》せておかなかったんだい？」

欲張《よくば》った人もあるもので。

後に、この荻生徂徠の口利《くちき》きで、上総屋七兵衛は増上寺にお出入《でい》りになります。そして「増上寺御用《ごよう》」と墨痕淋漓《ぼっこんりんり》と徂徠の筆による看板《かんばん》を掲げましたところ、「徂徠豆腐」と呼ばれ、江戸の人の評判《ひょうばん》となります。

情けは人のためならず。

『徂徠豆腐』という一席でございます。

●作品の背景●

『出世豆腐《しゅっせ》』とも呼ばれる講釈ネタで、主人公の荻生徂徠（経歴は「用語集」を参照のこと）は、話の中でも語られるように、元禄十五年（一七〇三）十二月に起きた、赤穂浪士による吉良邸討《きらてい う》ち入《い》りの処分に大きな影響を与えた人物と言われています。

そうした幕府《ばくふ》に登用《とうよう》されるような人でも、世に出るまでに苦労を重ねてきたというのは、講談などで扱われる人物の出世談《しゅっせ》によく見られる展開です。

徂徠は出世の後《のち》、茅場町《かやばちょう》のお薬師《やくし》様こと智泉院境内《ちせんいんけいだい》に居《きょ》を移し、そこで私塾《しじゅく》を開きます。そのときに同じ境内で隣家《りんか》に暮らしていたのが、芭蕉門下《ばしょうもんか》であった俳人の宝井其角《たからいきかく》であり、冒頭《ぼうとう》で詠《よ》まれる「梅が香や隣は荻生惣右衛門」の句は、そのことを表しています。現在は日本橋茅場町一丁目の一角に「宝井其角住居跡《あと》」の碑《ひ》が建てられています。

なお、この「茅場町のお薬師様」である智泉院《ちせんいん》は、本シリーズ「落語」の巻で取り上げている、落語『心眼』の舞台としても登場します。

東京都中央区日本橋茅場町《かやばちょう》に建っている「宝井其角《たからいきかく》住居跡」の碑

[編著者撮影]

知っておきたい用語集

宝井其角《たからいきかく》　江戸前・中期の俳人《はいじん》。寛文《かんぶん》元年（一六六一）生まれ。姓は榎本《えのもと》、のち宝井。書を佐々木玄龍《げんりゅう》、画《が》を英一蝶《はなぶさいっちょう》、儒学《じゅがく》を服部寛斎《はっとりかんさい》に学んだ。のちに松尾芭蕉《ばしょう》に入門し、市井《しせい》の人々の生活を華《はな》やかに詠《よ》み、洒落風俳諧《しゃれふうはいかい》を成立させた。蕉門十哲《しょうもんじってつ》の一人。宝永《ほうえい》四年（一七〇七）没。

荻生徂徠《おぎゅうそらい》　江戸前・中期の儒学者《じゅがくしゃ》。寛文《かんぶん》六年（一六六六）生まれ。荻生方庵《ほうあん》の次男。父の蟄居《ちっきょ》により二十五歳まで上総《かずさ》（現在の千葉県）で過ごし、元禄《げんろく》三年（一六九〇）江戸に戻《もど》り、のちに柳沢吉保《やなぎさわよしやす》に仕《つか》える。朱《しゅ》子学《しがく》から出発しながら、それを超《こ》える古文辞学《こぶんじがく》を提唱《ていしょう》し、茅場町《かやばちょう》に蘐園《けんえん》塾を開いた。また八代将軍徳川吉宗《よしむね》に『政談《せいだん》』を提出するなど、現実の政治にもかかわり、享《きょう》保《ほう》十三年（一七二八）没。通称は惣右衛門《そうえもん》。別号に蘐園。

増上寺《ぞうじょうじ》　東京都港区にある寺院。浄土宗大本山《じょうどしゅうだいほんざん》の一つ。三縁山広度院増上寺《さんえんざんこうどいんぞうじょうじ》、略して縁山ともいう。明徳《めいとく》四年（一三九三）に、第八祖聖聡《しょうそう》が武蔵国豊島郡貝塚台《むさしのくにとしまぐんかいづかだい》局沢《つぼねざわ》（現在の千代田区平河町《ひらかわちょう》付近）にあった真言宗《しんごんしゅう》の光明寺《こうみょうじ》を改宗《かいしゅう》して、増上寺と改称《かいしょう》。徳川家康《いえやす》の帰依《きえ》を受け、徳川家の菩提寺《ぼだいじ》となり、徳川将軍六人の墓所《ぼしょ》がある。

賽の目《さいのめ》　料理の方法で、材料をサイコロのような形に切る切り方。

奴《やっこ》
→冷奴《ひややっこ》　冷やして醤油《しょうゆ》や薬味《やくみ》などをのせて食べる豆腐《とうふ》。冷や豆腐。奴豆腐。

師《し》**、のたまわく**　孔子《こうし》と彼の高弟の言行録である『論語《ろんご》』の出だしの一節。「子曰《しのたま》わく」のこと。

高飛車《たかびしゃ》　相手に対して高圧的な態度をとること。また、そのさま。

腹掛《はらが》け　胸から腹までを覆《おお》い、背中で細い布を十文《じゅうもん》字《じ》に交《まじ》わらせて、留めて着用するもの。紺木綿《こんもめん》でつくるものが多く、前面には幅《はば》いっぱいの「どんぶり」と呼ばれる、物入れをつける。主に職人《しょくにん》などが着用《ちゃくよう》する。

印半纏《しるしばんてん》　襟《えり》・背などに、屋号《やごう》や氏名、家紋《かもん》などを染め抜《ぬ》いた半纏。主に職人や商家《しょうか》の使用人が着用する。法被《はっぴ》。

棟梁《とうりょう》　一族、一門のリーダー。集団のかしら。頭領。また、一国を支える重職《じゅうしょく》。大工《だいく》の親方。

背に腹は変えられぬ

→背に腹は変えられない　五臓六腑《ごぞうろっぷ》の納まる腹は、背と交換できないの意から、さし迫《せま》った苦痛《くつう》を回避《かいひ》するためには、ほかのことを犠牲《ぎせい》にしてもしかたないということ。

五つ紋《いつもん》　背と両袖《りょうそで》の後ろ、両胸にそれぞれ一つずつ、合計五つの家紋《かもん》のついた着物や羽織《はおり》。正式礼装《れいそう》用。五所《いつところ》紋《もん》。

黒羽二重《くろはぶたえ》　黒色の羽二重。紋付《もんつき》などの礼装用和服地。

→羽二重《はぶたえ》　日本の代表的な高級絹織物《きぬおりもの》の一種。縦糸《たていと》・横糸に良質の撚《よ》りのない生糸《きいと》を用いて、平織《ひらお》りにした後練《あとね》りの絹織物。肌触《はだざわ》りがよく、つやがある。礼服《れいふく》や羽織《はおり》、羽織裏《うら》、胴裏地《どううらじ》などに用いる。

紋付《もんつき》　家紋《かもん》をつけた礼装《れいそう》用の和服。正式は五つ紋だが、三つ紋や一つ紋もある。紋服《もんぷく》。

仙台平《せんだいひら》　宮城県仙台地方で産する精巧《せいこう》な絹《きぬ》の高級袴《はかま》地《ち》。また、それで仕立てた男物の袴。

馬子《まご》にも衣装《いしょう》、髪飾《かみかざ》り

→馬子にも衣装　馬子のような身分の低い者も衣装次《し》第《だい》で立派《りっぱ》に見えるということ。つまらない者でも外面を飾《かざ》れば立派に見えることのたとえ。

墨痕淋漓《ぼっこんりんり》　筆で書いたものが、生き生きとしてみずみずしいさま。

講談
浪曲
歌謡曲

紀伊國屋文左衛門　宝の入船
（きのくにやぶんざえもん／たからのいりふね）

●作品のポイント●

江戸時代の豪商《ごうしょう》と言えば、大坂では鴻池善右衛門《こうのいけぜんえもん》、江戸では奈良屋茂左衛門《ならやもざえもん》に、この話の主人公である紀伊國屋文左衛門《きのくにやぶんざえもん》が有名です。「紀文大尽《きぶんだいじん》」と呼ばれるようにまでなった、文左衛門の話として知られるのは、ここで紹介する、江戸で高騰《こうとう》（値段の上がった）したみかんを、命を賭《か》けて、今の和歌山から運び、財を成したというもので、講談や浪曲などで伝えられる一方で、俗謡《ぞくよう》や俗曲《ぞっきょく》に合わせて踊る「かっぽれ」の中で、滑稽な振り付けで披露《ひろう》されることでも知られています。

そうした成功談の裏《うら》には苦労話も付きものです。「虎穴《こけつ》に入《い》らずんば虎児《こじ》を得《え》ず」というたとえがあるように、危険を冒《おか》さなければ、大きな成功は得られません。ただし、それは無謀《むぼう》なものであってはならず、勝算があってのものです。

それでは紀文の才覚《さいかく》がどういったものであったのか。そのあたりを知ってもらいたい一席です。

歴史
出世
才覚

【本　題】

紀州《きしゅう》和歌《わか》の浦《うら》の廻船問屋《かいせんどんや》、紀伊國屋文左衛門は一時は五艘《そう》の船を持ち、手広い商売をしておりましたが、そのうちの四艘が難船《なんせん》をしてしまい、残る一艘は借金のために質入《しちい》れすることになりました。これを苦にした文左衛門は病《やまい》の床《とこ》に就《つ》き、この世を去ってしまいます。

そこで倅《せがれ》の文吉《ぶんきち》が跡《あと》を継《つ》ぎ、二代目文左衛門を名乗ることになりました。

紀州の特産品の中で、国を富ませているものと言えば、何といっても「みかん」でございます。江戸の方では毎年「ふいご祭り」と申します、鍛冶屋《かじや》の神様を祝うお祭りで、屋根の上に上がり、みかんをばら撒《ま》き、地域の人にふるまう習《なら》わしがあり、それだけに紀州有田《ありた》のみかんと言えば、江戸では引っ張りだこ。

ある年のこと、みかんは大豊作《だいほうさく》ではありましたが、八月の終わりから九月にかけて、陽気が悪く、海は大荒《あ》れ。したがって江戸までみかんを運ぶことができません。上方《かみがた》ではみかんがあり余っておりますから、値段が暴落《ぼうらく》する。その反対に、江戸ではその数が足りませんから、値がつり上がって高騰《こうとう》するばかり。

これに目を付けた文左衛門、

「嵐《あらし》を乗り切って、江戸までみかんを運べば金儲《もう》けができる。途中で船が沈《しず》むかも知れないが、上手《うま》くいけば大儲《もう》け間違《まちが》いなしだ」

と、元手《もとで》は千両と踏《ふ》みましたが、その用意がございません。しかし、「時は得難《えがた》く、失い易《やす》し」と、妻の実家であり、玉津島明神《たまつしまみょうじん》の神官《しんかん》であった高松河内《たかまつかわち》のもとへやってまいります。

「かくかくしかじかで、千両お貸し願いたい。もし、うまくいきましたら、この千両に利子《りし》をつけてお返しいたします。しかし、途中で船が沈みましたら、金子《きんす》のことはお諦《あきら》め下さいまし。そして、残った母親と妻の絹《きぬ》をお引き取りの上、お世話を願います」

「なるほど、いよいよお前にも運が向いてきたのだ。しっかりとおやりなさい。今、手元に千両はないが、必ず明日の昼までに届けるから、早く帰り、船出《ふなで》の準備を！」

そのあくる日、文左衛門は受け取った金子を持ち、父親の代に質入れをした明神丸《みょうじんまる》を質受《しちう》けし、船大工《ふなだいく》へ修理を頼みます。続いて、みかんの仕入れで、二万八千三百籠《かご》を買い取りますと、出荷《しゅっか》の予定がなかっただけに問屋《とんや》の連中は大喜び。いよいよ最後に船乗りたちを集めることにいたします。

「今度の仕事は腕《うで》が確かで、荒くれ者でなければ乗り切れまい」と、そこで思い出したのが仙八《せんぱち》という男。この男、以前、乗っていた船が難破《なんぱ》して、危《あや》うく命を落とすというところを助かり、人呼んで「土左衛門《どざえもん》の仙八」。道楽者《どうらくもの》ではありますが、腕は確かで、これまで何度となく、文左衛門のところへ無心《むしん》にやってきては、文左衛門も少しも嫌《いや》がらずに貸してやる。そんな間柄《あいだがら》ですから、他の船乗りも世話してもらおうと、仙八の下《もと》へやってまいります。

すると、丁度《ちょうど》、時化《しけ》続きで、仕事にあぶれた船乗りたちが五人集まっております。

「なるほど。それはうまくいけば儲かるに違《ちげ》えねえが、こりゃあ大層《たいそう》危ねぇ仕事だ。旦那《だんな》、せっかくだが、この話はお断りいたします」

皆《みな》から断られ、困り果てた文左衛門。

と、そのときに、最前《さいぜん》より仏壇《ぶつだん》の横に置いてありました米俵《こめだわら》がモゾモゾと動き出したので、それに目をやると、中から汚《きたな》い女が顔を出しました。そのくたびれ方は尋常《じんじょう》ではなく、まるで使い古したぼろ雑巾《ぞうきん》のようで……。

「へへへへ、旦那、いらっしゃいまし」

「なんだ、仙八の女房《にょうぼう》じゃないか。お前、そんなところで一体《いったい》何をしているんだ？」

「何もこうもありませんよ、聞いてくださいな。うちの中で食べられるものは全部食い尽《つ》くしちまいまして、この二日ほどは水を飲んでたんですけどね、もうこれ以上我慢《がまん》できないと、今日になって着ていた着物を売り払って、お米を買ったんですよ。だけど肌着《はだぎ》のまんまじゃ人前へ出られませんでしょ。だから、隣《となり》からもらってきた米俵の中に隠《かく》れていたんですよ。ハハハハ。話はこの中へ入って、全部お聞きしましたよ」

「まるでネズミだな」

「ちょいとお前さん、旦那《だんな》がこんなにお困りなんだから、行っておあげよ。あたしたちがどれだけ、これまで旦那の世話になってきたか忘れちまったのかい？　それにお前さん、普段《ふだん》から何て言ってるんだい？　俺《おれ》は一度は死んだも同様の人間だ。この世は余分《よぶん》の命だ。土左衛門の仙八とは俺のことだって、威張《いば》っているんじゃないか。船乗りが海を怖《こわ》がってた日にゃ、稼業《かぎょう》にならないんだよ！　ところで、ねえ旦那、失礼かとは存じますが、江戸までのご給金《きゅうきん》、一体、いくらなんでございます？」

「それだ。危ないと承知《しょうち》の上のことだから、江戸まで片道五十両出そう。で、今すぐ引き受けてくれるなら、手付けとして二十五両渡《わた》してやろう」

「旦那、それは本当ですか! ちょいとお前さん、片道五十両ももらえりゃ、そんな命、落としたって惜《お》しかぁないじゃないか!」

ひどい女があったものでございます。

「旦那、今の話は本当ですか?」

「私の金儲《もう》けに嘘《うそ》はない」

「こいつはありがてぇや、是非《ぜひ》とも江戸までお供《とも》させて下さい」

「それじゃ、あっしも」

「あっしも」

「あっしも」

と、次から次へと引き受ける。現金な連中があったものでございます。それもそのはずで、その頃《ころ》の江戸までの片道の給金は一両一分でしたから、五十両と言えば、その五十倍という大変な金額。一《いち》か八《ばち》かでやってみようと思うのは無理もございません。これで準備万端整《じゅんびばんたんととの》いました。

しかし、相手は荒れた海。途中《とちゅう》で何が起こるかわからない。残った家族に心残りがないようにと、全員が決死の覚悟《かくご》で、真っ白な死《し》に装束《しょうぞく》を身に着《つ》けて船へと乗り込みます。

いよいよ船出の当日。

「しめた! おあつらえ向けの大時化《おおしけ》だ。いいか、みんな、よぉく聞いてくれ、この嵐の中、板子《いたご》一枚下は地獄《じごく》と承知の上の荒《あら》くれ者、しっかりとやりましょうぞ！」

言うが早いか、出がけに母から預《あず》かった刀を左手《ゆんで》に、右手《めて》が柄《つか》にかかったかと思いきや、抜《ぬ》く手も見せず、二縄《じょう》の錨綱《いかりづな》をスパリと切って落とします。

「だ、旦那、何をなさるんで！　海で頼《たよ》りは錨《いかり》と梶《かじ》だ。その錨綱をお切りなさるようじゃ、正気《しょうき》の沙汰《さた》とは思えねぇ」

「馬鹿を言え。錨綱を頼りにするようじゃ、まだ死ぬ覚悟ができたとは言えないぞ！」

「なるほど、これは旦那の言う通りだ。浦賀《うらが》の港に入れりゃよし。さもなくば、無い命と諦《あきら》めて、おい、みんな、一生懸命《いっしょうけんめい》に働こうぜ！」

文左衛門たちが乗った船は、紀州和歌《わか》の浦《うら》の港から江戸を目指して出発いたします。

ギギギギギッ、ドドドドドッ。

寄せては返す波の音のもの凄《すご》さ。船は追い風に乗って、矢を射るように走りますと、あっという間に潮《しお》岬《みさき》のあたりまでやって来ます。次に目指す目印は大島《おおしま》。しばらく走っておりますと、風がピタッと止みました。はて、風向きが変わるのかな？　と思っておりますと、水先《みずさき》にいた五郎兵衛《ごろべえ》が、

「おい、辰巳《たつみ》に悪い雲が出たぞ！　こいつぁ大変だ、おい、みんな、気を引き締めろぃ」

言うが早いか、あたりは真っ暗。一転、墨《すみ》を流したよう。するとカラカラカラッという激しい雷鳴《らいめい》。続いてピカピカピカッと目を射るような稲光《いなびかり》。ポツリポツリと降り出す雨は、次の瞬間、ザーッと激しい雨に変わります。

「うわーっ、疾風《はやて》だぁ！」

再び風が巻き起こり、耳のそばでゴーゴーとなっております。逆巻《さかま》く怒涛《どとう》に乗った船は、上に上がったときには天に着くかと思うよう。また、サーッと下がって波の間に入ったときは奈落《ならく》の底に落ちるよう。

「旦那、これ以上、俺《おれ》には梶《かじ》が取れねえ。誰か変わっておくんなせえ」

「これ庄之助、われに取れねぇ梶は誰が取っても取れねぇんだ。もうこれまでと覚悟《かくご》しろ！」

おのれの身体《からだ》を細引《ほそび》きでしっかりと櫂柄《かいつか》に巻き付け、江戸の方角に見当をつけると「南無阿弥陀仏《なむあみだぶつ》」と口にして、そのまま気を失ってしまいます。

文左衛門をはじめ、他の連中は船底《ふなぞこ》に入りましたが、船が揺《ゆ》れ動く度《たび》に右に転がり、左に転がり、生きた心地《ここち》がいたしません。あとは死を待つばかり。全員、海の藻屑《もくず》になると思いきや、文左衛門の天運いまだ尽《つ》きず、やがて次第《しだい》に風が遠のいていきます。

波も穏《おだ》やかになり、船がピタッと止まった瞬間《しゅんかん》、ハッとわれに返った庄之助が「ここはどこだ」とあたりを見回すと、

「あれは大島じゃねぇか。してみると、ここは始終《しじゅう》通っている相模《さがみ》の海か！　こいつはありがてぇ、助かった！　あれ？　誰もいなくなっちまった。さてはさっきの高波《たかなみ》にさらわれちまったか？　おーい、誰かいるかーい？」

「ここにいるぞー」

文左衛門や仙八をはじめ、他の連中は船底から這《は》い出してきて、お互《たが》いの無事を確認して大喜び。

やってまいりましたのは武蔵国《むさしのくに》は品川沖でございます。

沖の暗いのに白帆《しらほ》が見える、あれは紀伊国《きのくに》みかん船。

「おお、聞いたか？　紀州の紀伊國屋文左衛門っていう男が、嵐の中、みかんを運んで来たんだってな」

「てぇしたもんだ、なかなかできることじゃねぇや。おかげで祭りは大盛り上がりだ」

「それがな、文左衛門っていう奴《やつ》はがっちりとした大男と思いきや、ひょろひょろとした痩《や》せ男だっていうじゃねぇか」

「よく言うじゃねえか、人はみかんけ（見掛《みか》け）に寄らねえって……」

そんなくだらない洒落《しゃれ》が飛び交っております。

「さあ、みなさん、みかんを取りにおいでなさい」

と声をかけますと、子どもばかりか大人までもが、われ先にとみかんを取りにまいります。

こうして大枚《たいまい》を手にしました紀伊國屋文左衛門。一旦《いったん》は国元へ戻りましたが、商《あきな》いは江戸に限るとばかり、家族揃《そろ》って、江戸へと出てまいります。その頃《ころ》の江戸は火事が多く、木材が不足しておりましたので、これに目を付けた文左衛門は材木問屋を開きまして、またまた大成功を収め、莫大《ばくだい》な金子《きんす》を懐《ふところ》にいたしますのは後日《ごじつ》のお話。

紀州の一若者が、嵐の中、命を賭《か》け、みかん船で大儲《おおもう》け。たちまちのうち、「紀文大尽《きぶんだいじん》」と呼ばれるようになったという、「紀伊國屋文左衛門」は『宝の入船《いりふね》』という一席でございます。

●作品の背景●

この話の中に登場する「沖の暗いのに白帆《しらほ》が見える、あれは紀伊国《きのくに》みかん船」という一節は、俗謡《ぞくよう》やその歌に合わせて踊《おど》る「かっぽれ」などで唄《うた》われる文句です。

紀伊國屋文左衛門（?〜享保《きょうほう》十九年（一七三四））は、名前の通り、現在の和歌山県である紀伊国出身の実在した商人ですが、その人物伝には不明な点も多く、なかば伝説化された人物とも言えます。

文左衛門はこのみかん船の伝説の後、大坂で伝染病が流行《はや》っていると知ると、江戸にある塩鮭《しおじゃけ》を買い占め、「流行り病《やまい》には塩鮭が一番」という噂《うわさ》を流し、再び大金を手にします。そしてさらにそれを元手にして、この話のラストでも話されているように、材木問屋を開きますが、後に火災で焼失《しょうしつ》したことから廃業《はいぎょう》し、その後の人生を過ごしたと言われます。しかし、そのあたりについても諸説あります。

講談や浪曲で演じられる一席で、今でも正月などの縁起《えんぎ》をかつぐ時節になると、寄席《よせ》や演芸場で多くの講釈師や浪曲師によって耳にすることのできる話です。

知っておきたい用語集

紀州《きしゅう》　紀伊国《きいのくに》の別名。現在の和歌山県。

和歌の浦《わかのうら》　和歌山県和歌山市南部の海岸。和歌川の河《か》口《こう》の片男波《かたおなみ》と称する砂嘴《さし》（半島や岬《みさき》から海に突き出た鳥のくちばしのような地形）に囲まれた入り江。玉津島《たまつしま》神社や観海閣《かんかいかく》（水上楼閣《ろうかく》）などがある。

廻船問屋《かいせんどんや》　江戸時代、荷主《にぬし》（荷送り人）と船主《ふなぬし》（海運業者）の間にあって、貨物運送の取り扱いをした業者。

ふいご祭り　十一月八日頃に、鍛冶屋《かじや》や鋳物師《いもじ》といった、ふいご（金属やガラスなどの精錬《せいれん》や加工用に使う簡単な送風装置《そうち》。空気ポンプの一種）を使って仕事をする職人が、稲荷神《いなりしん》などを祭り、ふいごを清めて祝う行事。鞴《ふいご》祭り。踏鞴《たたら》祭り。

土左衛門《どざえもん》　享保《きょうほう》（一七一六～一七三六）のころ、力《り》士《し》の成瀬川土左衛門《なるせがわどざえもん》が太っていて肌《はだ》が白かったのを溺死者《できししゃ》のようだといったことから、溺死者や水死体のこと。

時化《しけ》　風雨のために海が荒《あ》れること。

死《し》に装束《しょうぞく》　死者に着せる衣服。

板子一枚下《いたごいちまいした》は地獄《じごく》　船乗りの仕事が危険であることのたとえ。

浦賀《うらが》　三浦半島南東部の神奈川県横須賀市東部の地名。

潮岬《しおのみさき》　紀伊半島南端の和歌山県西牟婁郡串本町《にしむろぐんくしもとちょう》にある太平洋に突出《とっしゅつ》する本州最南端《さいなんたん》の岬《みさき》。

水先《みずさき》　水の流れていく方向や船の進む水路。ここでは「水先案内」のこと。

辰巳《たつみ》　方角の一つで、辰と巳との間。南東。

疾風《はやて》　はやく吹く風。

怒涛《どとう》　荒《あ》れ狂《くる》う大波。激しく打ち寄せる波。

奈落《ならく》　どん底。行きつく果て。

細引《ほそび》き　麻《あさ》などをより合わせてつくった細目の縄《なわ》。細引き縄。

櫂《かい》　船具《せんぐ》の名。水をかいて船を進めるのに使う。木製で上半分は丸い棒、水中に入る部分は平に削《けず》ってある。和船用のものは握《にぎ》る側にT字形の短い柄《え》がある。

談曲
講浪

仙台の鬼夫婦
（せんだいのおにふうふ）

●作品のポイント●

落語でも講談でも、夫婦のあり方といったものが題材となると、夫の方はどこかだらしなく、妻の方がその分しっかりしているという展開が多く見られます。この話もそうで、妻は真面目《まじめ》に暮らさない夫に厳しく接しますが、実はそこにはある秘密が隠《かく》されているというのが話の肝《きも》です。

男女平等や女性の社会進出が目覚《めざ》ましいと言われ続ける昨今《さっこん》、「内助《ないじょ》の功《こう》」という言葉も既《すで》に古いかも知れませんが、この言葉を「陰《かげ》ながら助けるパートナーの功績《こうせき》」と考えれば、この話はまさに、夫を出世《しゅっせ》させるための妻の活躍《かつやく》を描《えが》いた作品と言えるかも知れません。

それでは妻がどのようにして夫の尻《しり》を叩《たた》かざるを得なかったのか。その理由がわかれば、決して妻が「鬼《おに》」でないことがわかるかと思います。

歴史
夫婦
出世
才覚

【本　題】

奥州《おうしゅう》仙台伊達政宗《だてまさむね》の家臣《かしん》である井伊直人《いいなおと》。父は直江《なおえ》と言って、鞍馬八流《くらまはちりゅう》の剣術指南番《けんじゅつしなんばん》で八百石《こく》をいただいておりましたが、慶長五年九月二十八日、奥州松川において、上杉・佐竹の大軍のうちで勇ましき討《う》ち死にを遂《と》げました。

直人は幼名《ようみょう》を仙三郎《せんざぶろう》と言って、七歳のときに母を亡くし、十四歳のときに父が戦死を遂げたことから孤児《みなしご》となりましたが、政宗公が直江の武勇を愛《め》で、かつ戦死を遂げたことにより、この仙三郎を取り上げ、家督《かとく》相続を仰《おお》せ付けられます。ただし、いまだ十四歳でございますから、成長の暁《あかつき》までは無役《むやく》。後《のち》にお役目を仰せ付けられるということで、二十歳となったときに、名を直人と改めます。

文武両道《ぶんぶりょうどう》の修業《しゅぎょう》も致しておりましたが、年が若くて時間と余裕があるのはよろしくないようで、いつしか賭碁《かけご》というものを覚《おぼ》え始めます。最初のうちは五両、そして十両。それが段々ひどくなって、果ては五十両、百金という大金を賭《と》して勝負を争うことに夢中になります。それがために先祖から伝わりました宝物《ほうもつ》をはじめ、貯《たくわ》えの金子《きんす》や家財道具などを売り払い、近頃では襖《ふすま》、畳《たたみ》にまで手をつけ、忠僕《ちゅうぼく》の給金《きゅうきん》にも事欠《ことか》くところから、一人去り、二人去りして、今では親の代からの下男《げなん》作蔵《さくぞう》一人となってしまいます。

ある日、訪ねてまいりましたのが、同藩で親友《しんゆう》の中村貞三郎《なかむらていざぶろう》。

「直人殿、お主《ぬし》、妻帯《さいたい》いたさんか」

「いたしてもよいが、このような家にまいる物好《ものず》きがおるのか？」

「それがあるのだ。歳は十八で器量《きりょう》よし、その上、持参金《じさんきん》が三百両。そのお相手というのは、この武者《むしゃ》小路《こうじ》にいる伊佐子三十郎《いさごさんじゅうろう》殿の娘おさだだ」

「なに？　伊佐子三十郎殿といったら、わが藩でも三千五百石をいただく御大身《ごたいしん》。その娘で、伊佐子小町《こまち》、弁天娘《べんてんむすめ》などという評判《ひょうばん》を取っておる、あのおさだか」

「その通り、否《いな》やはあるまい」

「否やはないが……、先方が……」

「それが他《ほか》じゃあないが、御身《おんみ》に足駄《あしだ》を履《は》いて首ったけ。お主と夫婦《めおと》にならなければ生きていられない。もし叶《かな》わぬそのときは、川へ身を投げて死のうという恋煩《こいわずら》いをしているとのこと。三十郎殿は御身のことをよく知っておられる。そこで急の使いがあってな、どうか縁《えん》が纏《まと》まるようにしてくれろという頼《たの》みなのだ」

「それはありがたい。すぐに話を進めてもらいたい」

「承知《しょうち》いたした。ついては、大分家も荒《あ》れておるようだから、これで支度《したく》をしてくれるようにと、百両預《あず》かってきた。お主には四、五日、家を空《あ》けてもらいたい」

五日目に戻ってまいりますと、なるほどすっかり家の中が綺麗《きれい》になっている。その様子《ようす》を見た直人、

「どうも惚《ほ》れられるというのはえらいもんだなあ」

と、夢の心地《ここち》をして喜んでおります。

さて、いよいよ当日になり、伊佐子三十郎から娘のおさだを、仲人の中村貞三郎夫婦が案内をして、三々《さんさん》九度《くど》の盃《さかずき》をあげ、四海浪静《しかいなみしずか》と謡《うた》い納《おさ》め、その晩、偕老同穴《かいろうどうけつ》の契《ちぎ》りを結びます。

直人は綺麗《きれい》な奥さんをもらったことから「おさだ、おさだ」と夢中になって、外出もいたしません。ところが半年、一年が過ぎますと、そんな花嫁《はなよめ》も鼻についてくるようで、以前のように賭碁《かけご》にまた夢中になってしまいます。そしてしまいにはおさだが持参してきたものを、みな典物《てんぶつ》にして金にいたし、出掛《でか》けて行ったと思うと、また負けて帰ってくる。どうか金の才覚《さいかく》をしてくれろと言いますと、おさだはいやな顔も見せないでお金を渡《わた》します。しかし、いくら持参金があっても、これではその金もなくなってしまいます。するとおさだは今度は実家へ行っては五十両、百両と借り受けてきます。

「ううむ、これで負けたら、二度とはやらん」

と言うのはやさしいこと。

おさだは、

「そうでございますか。それでは、ここに百両都合《つごう》してございます。しかしながら、此度《こたび》はただでは差し上げません。あなたさまはよく賭《か》け事《ごと》の奥義《おうぎ》とおっしゃいますが、あなたさまの本業《ほんぎょう》である剣術《けんじゅつ》の奥義はいかがなものでございましょう」

「それは心配いたすな、腕《うで》は日頃から磨《みが》いておる。いずれは父の剣術指南道場を継《つ》ぎたいと思っておる」

「失礼ながら、あなたには武芸《ぶげい》の心得《こころえ》というものがございません。今日はこのさだがお相手になりますゆえ、わたくしと立合いをして打ち勝ちなされば、この五十金をもってすぐにお慰《なぐさ》みを遊ばせ。もしお負けなされば夫婦の語らいもこれぎり、この五十金の金子を路用《ろよう》として、いずこへなりともいらっしゃいまし。三年、五年ご修業《しゅぎょう》をなすって、立派《りっぱ》なお腕《うで》になってお戻《もど》り遊ばせば、再び元の如《ごと》く夫婦に相成《あいな》りましょう。

身を立て道を行い、もって父母を顕《あらわ》すは孝《こう》の終わりなりくらいのことは、よもやお忘れはありますまい。いかがでございましょうか」

「何を申す！　女だてらに口さがなく、立ち合いをして打ち勝ったれば金子を持って慰《なぐさ》みにまいってもよいが、打ち負けたならば、この金子を路用にして、いずこへなりともまいって、腕前を研《みが》きたれとは無礼至《し》極《ごく》。いかにこの方《ほう》、身を持ち崩《くず》すとも、女子《おなご》のお前に負ける気遣《きづか》いはない」

「立派《りっぱ》なお言葉でございます。けれどもお言葉ばかりではわかりません。お手の内を拝見《はいけん》いたしましょう。わたくしも父より仕込まれました大和流《やまとりゅう》の薙刀《なぎなた》のひと手ふた手は心得ております。さあ、お相手をつかまつります」

おさだは布を畳《たた》んで鉢巻《はちまき》をなし、襷十字《たすきじゅうじ》を綾《あや》なして、長押《なげし》に掛《か》けてあった薙刀を取り、直人は木剣《ぼっけん》を握《にぎ》って道場《どうじょう》へ向かいます。

「さあ、まいれ！　ええい！」

「やあ！」

正眼《せいがん》に構えた直人が一声叫《いっせいさけ》んで打ち込んでくるやつを、おさだはヒラリと体《たい》をかわし、横に払《はら》った薙刀に、直人は向う脛《ずね》を払い上げられて倒《たお》れてしまいます。起き上がろうとするところを、いきなり袴《はかま》の腰板《こしいた》のところへ薙刀をピタリと入れて、うんと押《おさ》え付けます。

「あいたたた、痛い。参った……」

「何というご修業のなされ方でございます。この五十両を懐《ふところ》に遊ばして、いずれへなりともお出《い》でなされ。

修業《しゅぎょう》を積んでわたくしに打ち勝つだけのお腕になったら戻ってお出で遊ばせ。さもなければ、あなたのお家《うち》とはいいながら、この家へお入れ申すことはできません。お留守《るす》中はさだが立派《りっぱ》にお守りいたします。行ってらっしゃいまし」

早速《さっそく》、直人は江戸へ立ち出《い》で、伝手《つて》を求めて木挽町《こびきちょう》五丁目の将軍指南役《しなんやく》、柳生飛騨守宗冬《やぎゅうひだのかみむねふゆ》の門に入り、星霜《せいそう》五年の修業をいたします。そして「もうこれで大丈夫。女房に負けるはずはないと、仙台へと帰ってまいります。

ところがおさだは家へは上げてくれません。夫の姿を見ると、

「かねてのお約束通り、一手お相手をいたしまして、わたくしが負けますれば上へお上《あ》げ申します。もしわたくしにお負けになれば、今一遍《いっぺん》、ご修業にお出《い》で遊ばすように」

「黙《だま》れ！　五年以前には貴様《きさま》に負けたが、今日《こんにち》は最早《もはや》立派な腕前、柳生新陰流《やぎゅうしんかげりゅう》の極意《ごくい》に渡《わた》っておる直人だ」

「さようでございますか。それなれば大層《たいそう》なお腕前におなり遊ばしたことでございましょう。ともかくも先のお約束でございますから、お手合わせを」

「なに、夫を家にも上げず、まずはお手合わせとは。よし、それなれば来い。いかにも相手をいたそう」

怒《おこ》ったの怒らないのではありません。三尺三寸《さんじゃくさんずん》の木剣《ぼっけん》を持って庭先へまいり、鉢金《はちがね》の入った鉢巻《はちまき》をして、股立《ももだち》を高く取り上げて待ち受けているところへ、支度《したく》を調《ととの》え、稽古薙刀《けいこなぎなた》を持った妻のおさだがまいります。ヤッと立ち上がった直人は、柳生流の片身透《かたみすかし》の正眼《せいがん》に付け、おさだが薙刀を取って中段《ちゅうだん》に構えた様子《ようす》をじっと見る。そのとき「俺《おれ》は大層《たいそう》な腕前になった。これなれば、妻はおろか、いかなる者に出会っても負

けを取る気遣《きづか》いはない」と思います。

しかし、おのれの腕のできるにしたがって、先の器量《きりょう》も知れるというのは怖《こわ》いもので、それがためにおくれがくる。ヤッ、えい！と互《たが》いに気合いを掛《か》けますが、おさだが薙刀を振《ふ》ってくるやつを二つ三つは受け流しますが、体《たい》をかわそうとするうちに、おさだに両足を払《はら》われ、アッという間に袴《はかま》の腰板《こしいた》へ石突《いしづ》きを入れられて押《おさ》えつけられ、

「旦那様《だんなさま》、いかがでございます。これは大和流《やまとりゅう》の岩石落《がんせきお》としと申します。失礼ながらかような未熟《みじゅく》の腕前では、まだまだ家へお入れ申す訳にはまいりません。今、ひと修業してお出《い》で遊ばすよう」

「ううむ、どうも仕方がない。もう一度行って来よう……」

直人は疲れを癒《いや》す暇《いとま》もなく、またまた仙台から江戸へ引き返してまいります。柳生の道場でさらに三年の間修業をし、免許皆伝《めんきょかいでん》。合わせて八年の修業を積んで仙台へ帰ってまいります。

「再び三年の間修業をいたして戻ったのだ。立ち合って打ち負ければ、今度はもう深山幽谷《しんざんゆうこく》へ入って、心の修業をして生涯《しょうがい》を終えるつもりだ。さあ支度《したく》をしろ」

「天晴《あっぱれ》一流の極意《ごくい》を極《きわ》めてお出《い》でなすったものを、ふつつかなわたくしにお相手などできようはずはございません。どうぞおみ足をおすすぎ遊ばしてお上がり下さるよう」

と、さだが自ら足をすすぎ、奥《おく》の一間《ひとま》へと招《しょう》じ入れますと、両の手をついて、

「ご無事《ぶじ》でご帰宅《きたく》、何よりのことでございます。これまでのご無礼《ぶれい》、なにとぞお許し下さいませ」

さだはそう頭を下げると、すぐに下男《げなん》に、実父伊佐子三十郎を呼びに行かせます。

「これは直人殿、ようお帰りになられた。お見受け申したところ、立派なお腕前になられたご様子《ようす》。さぞかし黄泉《こうせん》におわする父上もお喜びでござろう。今こそ、まことを打ち明けてお話をいたす。手前の父三左衛門《さんざえもん》が慶長《けいちょう》五年九月十八日、奥州《おうしゅう》松川の戦場《せんじょう》において、敵のために命を落とさんとしたるところへ、馬で乗り込《こ》み来たったる御身《おんみ》の父直江《なおえ》。鞍馬八流《くらまはちりゅう》の非凡《ひぼん》の腕前を表して、相手の敵を討《う》ち捨て、父の危《あや》うきをお救い下すった。しかるにその夜、深入りをしたばかりに、直江殿はとうとう松川の砦《とりで》において討ち死にを遂《と》げられた。手前の父三左衛門は、直江殿のために命をまっとうして立ち戻《もど》り、戦相済《いくさあいす》んで後に戦功《せんこう》によって、五百石の加増《かぞう》を賜《たま》わり、三千五百石の身分となり、その後いくばくもなく病《やまい》を得てこの世を去るとき、それがしを枕辺《まくらべ》に呼び、先頃松川の戦場で、わしの命を救ってくれたは井伊直江殿。そのお方はかえって討ち死にを遂げられ、まことに気の毒千万。せめてはその恩義に報《むく》ゆるため、直江殿のわすれがたみ仙三郎が御年十四。父の勲功《くんこう》によって、相続を仰《おお》せ付けられ、人となるまで無役《むやく》。必ず成長の暁《あかつき》には天晴《あっぱれ》な者になるであろう。もし万一心得違《こころえちが》いあって、家に傷を付けるようなことがないとも計《はか》り難《がた》い。そのときには命の親の大恩人の伜《せがれ》であるからきっと心を付けて、井伊の家を立て直すよう、これをその方へ申して置くと、かく言い果て、父は黄泉《こうせん》の客となった。しかるに御身《おんみ》二十歳のときに元服《げんぷく》をして、名前を直人と改めし甲斐《かい》もなく、賭碁《かけご》に身を持ち崩《くず》して放蕩三昧《ほうとうざんまい》。家中《かちゅう》の者から爪弾《つまはじ》きをされ、交《まじ》わる者もなく、食禄《しょくろく》を召《め》し上げられるというお見込みもあったなれど、父の勲功《くんこう》を申し上げて、かく申す三十郎、君《きみ》の怒りをゆるめ、そして中村貞三郎に頼んで、さだが御身に恋慕《れんぼ》して恋煩《こいわずら》いをいたしたなどと拵《こしら》え、そなたのもとへ嫁《よめ》入りさせ、かねてさだに申し付け、心の迷っておる間はいかに意見をするとて聞き入れるものでないから、するだけのことをさせて、いよいよという暁にはよくよく意見をいたすようにと申し付けた。八年前《ぜん》に御身が最後の五十金を手前に借りに遣《つか》わしたときに、さだが女の身でありながら、夫に向かって無礼の試合。もろくも敗れを取って、始めて夢覚《さ》めて飜然《ほんぜん》と国を去り、前後八年の修業。今日立派《こんにちりっぱ》な腕前になって立ち帰られたはまことにめでたい。ついては手前の父が戦場において、御身の父上に命を助けられた万分の一の御恩《ごおん》を報《むく》うた心持ち。何卒《なにとぞ》この上は君に忠勤《ちゅうきん》をつくし、井伊家の名前を後世《こうせい》に遺《のこ》すよういたしとうござる」

これを承《うけたまわ》った直人は両手を膝《ひざ》に置いて、両眼《りょうがん》から涙を流し、

「そうでございましたか。それはありがたいお言葉。かたじけなき次第《しだい》にござります。さだ、このように礼を申すぞ」

時なるかな寛永十三年四月二十三日、三代将軍家光公《いえみつこう》が日本六十余州の武芸者を江戸城吹上御殿《ふきあげごてん》に召《め》されます、世に名高い寛永御前試合《かんえいごぜんじあい》。井伊直人も呼ばれ、立ち合いが終わりますと、家光公、夫婦ともども御前《ごぜん》にお召しになり、

「天晴《あっぱれ》である。その方《ほう》ら、仙台の鬼の夫婦であるな」

と家光公からお褒《ほ》めの言葉を賜《たまわ》ったと申します。

寛永時代に数多くの武芸者が輩出《はいしゅつ》いたしました中にも、夫婦揃《そろ》って武芸の誉《ほま》れを残したのは、この二人だけでございます。

「寛永御前試合」のうちより『仙台の鬼夫婦』の抜き読みでございます。

●作品の背景●

話の最後で示されているように、他にも何話《なんわ》かある『寛永御前試合』の中の一話で、『井伊直人《いいなおと》』、または『烈女《れつじょ》井伊お定』という別題を持つ話です。

ここで登場する井伊直人は江戸時代前期に実在した剣術家で、有名な武将《ぶしょう》である伊達政宗《だてまさむね》の家臣《かしん》でした。慶長《けいちょう》五年（一六〇〇）の陸奥《むつ》松川（現在の福島県）の戦いで父を失い、若くして家を継《つ》いだことは、話の中にも出てくる通りです。

この後、徳川家光主催の御前試合《ごぜんじあい》で鎖鎌《くさりがま》の名人山田真龍軒《やまだしんりゅうけん》と武術を競《きそ》い合いますが、他にも荒木又右衛門《あらきまたえもん》や由井正雪《ゆいしょうせつ》が登場したりと、史実に基づくものではなく、架空《かくう》の試合が描《えが》かれています。

『寛永御前試合《かんえいごぜんじあい》』は、ここで紹介した物語の他に、剣の達人羽賀井一心斎《はがいいっしんさい》、槍《やり》の名人宝蔵院覚禅坊《ほうぞういんかくぜんぼう》などが登場し、それぞれ名勝負を繰《く》り広げるといった、講談の中でも人気の高い話です。ここではその中でも、よく知られる一席を紹介しました。

寄席《よせ》などで演じる人も多く、特に女性の講釈師や浪曲師が好んで高座にかけています。

知っておきたい用語集

鞍馬八流《くらまはちりゅう》　剣術《けんじゅつ》の流派の一つで、平安末期《まっき》、鬼一法眼《きいちほうげん》という人物が鞍馬の僧八人に秘伝を授《さず》けたことから、そう呼ばれている。

忠僕《ちゅうぼく》　忠実な下男《げなん》。忠義な下僕《げぼく》。

足駄《あしだ》を履《は》いて首ったけ　異性に惚《ほ》れ込んで夢中になる様子のたとえ。首から足元までの高さを指す「首丈《くびたけ》」から、首までどっぷりつかり、夢中になるさまを意味するようになった。ここでは、さらに下駄《げた》を指す「足駄」を履《は》いていることから、それだけ惚れていることを示している。

三々九度《さんさんくど》　祝儀《しゅうぎ》の際の献杯《けんぱい》の礼法で、日本風の結婚式のときに新郎新婦が三つ組の杯《さかずき》で、それぞれの杯を三回ずつ合計九回やり取りすること。

四海波静《しかいなみしずか》　南宋《なんそう》の学者であり詩人である楊万里《ようばんり》による「六合《りくごう》の塵《ちり》清く、四海波静か」から、天下がよく治まって平和なこと。

偕老同穴《かいろうどうけつ》　夫婦が最後まで連《つ》れ添《そ》い遂《と》げること。夫婦の契《ちぎ》りの堅《かた》いこと。

典物《てんぶつ》　品物を質《しち》に入れること。また、その品物。抵当《ていとう》物。

奥義《おうぎ》　学問、技芸、武芸などの最も奥《おく》深い大切な事柄。極意《ごくい》。

身《み》を立て道を行い、もって父母を顕《あらわ》すは孝《こう》の終わりなり

→身《み》を立て道を行い、名を後世《こうせい》に上げ、以《も》って父母《ふぼ》を顕《あらわ》すは孝《こう》の終わりなり　一所懸命《いっしょけんめい》に学んで立派《りっぱ》な人格を築《きず》き上げ、完成して亡《な》くなった後もその名が評判《ひょうばん》になり、父や母の名も上げることが、孝行の終わりであるということ。

口《くち》さがない　他人のことをあれこれ口うるさく批評《ひひょう》

するのが好きである。口うるさい。

路用《ろよう》　旅行の費用。旅費。

襷十字《たすきじゅうじ》を綾《あや》なす
↓綾襷《あやだすき》　背中で十文字《じゅうもんじ》になるように襷（和服で仕事をするときに手の運動を自由にするために袖《そで》をからげる紐《ひも》）を結ぶこと。

長押《なげし》　和風建築で、鴨居《かもい》の上や敷居《しきい》の下などの側面に取り付けた、柱と柱の間をつなぐ横材。

正眼《せいがん》　剣《けん》の構《かま》え方の一つで、剣の先を相手の目の位置に向けて中段に構えること。

腰板《こしいた》　男が袴《はかま》をつけるときに、後ろ腰《ごし》に当てる山形の板。

木挽町《こびきちょう》　現在の東京都中央区銀座、歌舞伎座付近の旧地名。

柳生新陰流《やぎゅうしんかげりゅう》　大和国《やまとのくに》出身の柳生但馬守宗厳《やぎゅうたじまのかみむねよし》が創始《そうし》した、素手《すで》で相手の刀を奪《うば》い取って制圧する「無刀取《むとうど》り」の技で知られる剣術《けんじゅつ》の流派《りゅうは》の一つ。江戸柳生家は将軍家の剣道指南役《しなんやく》として栄えた。

鉢金《はちがね》　鉢巻《はちまき》などに縫《ぬ》いつけて、前頭部を保護する簡略な兜《かぶと》の一種。

股立《ももだち》　袴《はかま》の左右の腰《こし》の両側の開きを縫《ぬ》い止めた所。

石突《いしづ》き　矛《ほこ》や薙刀《なぎなた》、槍《やり》などの柄《え》の、地面に突《つ》き立てる部分を包んでいる金具。

深山幽谷《しんざんゆうこく》　人けがなく、ひっそりとした奥《おく》深い山や谷。

黄泉《こうせん》　人の死後、その魂《たましい》の行くという所。死者の住む国。あの世。黄泉《よみ》。

翻然《ほんぜん》　急に心を改めるさま。

談語曲
講落浪

寛政力士伝より谷風の情け相撲
（かんせいりきしでん／たにかぜのなさけずもう）

●作品のポイント●

「八百長《やおちょう》」などというと悪いイメージがありますが、その言葉は元々は相撲《すもう》に発したものです。明治時代に八百屋《やおや》の長兵衛《ちょうべえ》、通称八百長という人物が相撲の年寄《としより》と碁《ご》を打つときに、勝てる腕《うで》を持ちながら、常に一勝一敗になるように手加減《てかげん》をしたところから、真剣《しんけん》勝負でないことをそう呼ぶようになったと言われています。

ここで紹介する話は、その八百長試合を描《えが》いたものですが、横綱《よこづな》と呼ばれる相撲界で一番位《くらい》の高い相撲取りが、何故《なぜ》、自《みずか》ら進んで八百長を行ったのか。そこには演目にもあるように、人にかける情が背景にありました。その実態は今風《いまふう》に言う「無気力相撲」では決してなく、その背景に見えてくる「孝行」の二文字を意識しながら読み進めて下さい。

歴史
義理
人情
出世

【本　題】

相撲《すもう》の全盛《ぜんせい》は寛政時代《かんせいじだい》と言われることがあります。徳川時代の中頃《なかごろ》には様々な力士《りきし》が現れ、その頂点におります横綱《よこづな》の中で、最も情け深いと言われていますのが、第四代横綱谷風梶之助《たにかぜかじのすけ》でございます。

身体《からだ》に恵《めぐ》まれ、技《わざ》にも優《すぐ》れ、人間も穏《おだ》やかで情け深い。まさに「心《しん》・技《ぎ》・体《たい》」を兼《か》ね備えた関取《せきとり》でございます。遊び惚《ほう》けている同輩《どうはい》がいると、心ある意見をして、困っている者があればお金を貸してやり、病《やまい》に苦しむ者があれば、その家を訪ね、慰《なぐさ》めて励《はげ》ましてやるという、谷風に助けられたという人は大勢《おおぜい》いたと言われております。

そんな人格者《じんかくしゃ》として知られていた谷風が、生涯《しょうがい》のうちに一度だけ八百長《やおちょう》をしたという話が残っております。

その頃《ころ》、佐野山権平《さのやまごんべえ》という十両の力士がいましたが、母親は目を患《わずら》い、父親はここ数年寝《ね》たっきり。生来《せいらい》の親孝行者でありますから、その看病《かんびょう》で相撲道《すもうどう》に打ち込《こ》むことができません。稽古《けいこ》もできませんから、出ると負け、出ると負けというありさま。暮らしの方も、薬代がかかる、医者代がかかるということで、赤貧《せきひん》洗《あら》うがごとしの大変な貧乏《びんぼう》。

これを聞いた谷風は身支度《みじたく》を整《ととの》えますと、弟子《でし》二人を連《つ》れまして、江戸は京橋三十間堀《きょうばしさんじっけんぼり》二丁目の路地《ろじ》を入った貧乏長屋《びんぼうながや》にある佐野山権平の家へやって参ります。

「佐野山、おるかな？」

いきなり横綱が入ってきましたから、佐野山は驚《おどろ》いて、

「こ、これは横綱。な、なんとして、このようなところへ」

「いやあ、われの両親が患《わずら》っているということを耳にしたのでな、見舞《みま》いに来たんだ。それとな、この家にいる貧乏神《びんぼうがみ》と疫病神《やくびょうがみ》を追っ払《ぱら》おうと思ってな」

そう言うと谷風は、化粧《けしょう》まわしを着け、佐野山の両親の前へ行き、

「さあ、よく見ておくれ。それ、ヨイショ！」

ヨイショ、ヨイショと四股《しこ》を踏《ふ》み、生まれ故郷の仙台の伊達《だて》のお殿様から拝領《はいりょう》した一刀《いっとう》をスラリと引き抜き、

「これ、貧乏神に疫病神、出て行かんかい！」

と右に左にと振《ふ》り、それを鞘《さや》に納めます。

「さあ、これでもう大丈夫《だいじょうぶ》じゃ。時に佐野山、われの親孝行振《ぶ》りをお天道様《てんとうさま》がご覧《らん》下さり、どうかこの金子《きんす》を渡《わた》して欲しいと、わしが託《たく》された。断《ことわ》っておくがな、これはわしがお前にやるのではない。お天道様がご褒美《ほうび》に下さったのだ。まあいいから、取っておけ」

と、金子を渡しますと、うれし泣きをする佐野山の声を聴《き》きながら、谷風は自分の家へと帰ってまいります。そして、佐野山と一番相撲を取ってみたいと願い出ます。と言いましても、どう考えても横綱と十両の取り組みが叶《かな》うはずはないのですが、谷風はそれが叶わぬなら廃業《はいぎょう》をすると言い切ったものですから、横綱のたっての頼みでもあり、年寄衆《としよりしゅう》も承諾《しょうだく》をし、当時の十日興行《こうぎょう》のうち、六日目での取り組みが決まりま

す。

　すると、その取り組みを見て、一番驚いたのは江戸の好角家《こうかくか》、つまり相撲好きでございます。

「これをちょいとご覧《らん》よ。何だいこれは？　佐野山と横綱谷風の取り組みだとよ」

「えっ？　横綱と貧乏神の取り組みだと？　そんな取り組み、観《み》たことも聞いたこともねぇよ。何でこんなことになったんだい？」

「なんでもな、この相撲はただの取り組みじゃないそうだ。遺恨《いこん》相撲というやつだ」

「遺恨相撲？　それはどういう訳だ？」

「それはな、横綱の家から化粧《けしょう》まわしとふんどし十五本がなくなってな、その盗み出した奴《やつ》というのが、誰《だれ》ならぬ佐野山だってぇんだ。谷風にしてみれば大切なものを盗《ぬす》まれたんで、『おのれ憎《にっく》き佐野山よ、相撲取りにとって、命の次に大切な化粧まわしを奪《うば》い取るとは言語道断《ごんごどうだん》。一刀《いっとう》のもとに斬《き》り捨ててもいいところだが、武士にはあらず相撲取り。土俵の上で恨《うら》みを晴らしてくれよう。いざ、尋常《じんじょう》に勝負、勝負！』ってんで、この度《たび》の取り組みになったというんだ」

「へえ、聞いてみなきゃわからねぇな。それは本当の話かい？」

「いや、そうじゃねぇかと思って……」

「何だい、つくり話かよ。いい加減《かげん》なことを言うな！」

　大江戸八百八町《はっぴゃくやちょう》の中に、今回の取り組みについての評判《ひょうばん》が広がります。

「大変なことになったよ。なんでも佐野山が谷風関《たにかぜぜき》に投げ殺されるんだとよ。気の毒なのは佐野山だ。でもな、他人の不幸は蜜《みつ》の味だ。面白《おもしろ》いから行ってみよう」

などという人たちが大勢《おおぜい》現れます。

このことを耳にして、大層《たいそう》心配しましたのが、佐野山権平のご贔屓《ひいき》でございます。神田須田町《かんだすだちょう》の若い者頭《がしら》で源五郎《げんごろう》という男。すぐに佐野山を自分の家へ呼びますと、

「佐野山、えれぇことになったなあ。明日はいよいよ横綱谷風関との取り組みだ。これは他人から聞いたんだけどよ、お前《め》ぇは谷風からえれぇ恨《うら》みを買ったんだそうだな」

「いえ、わしは日頃《ひごろ》から谷風関にはお世話になっております。恨みを買うようなことは、これっぽっちもござんせん」

「そうなのかい？　だけどこうなったら仕方がねぇや。さ、まあ、いいから景気《けいき》づけに一杯《いっぱい》やんな。遠慮《えんりょ》なんかするな。これがお前《め》ぇとの、いわば別れの盃《さかずき》だ」

「そんな縁起《えんぎ》でもねぇことを言わねぇでおくんなさい。わしも恐《こわ》くて恐くて……」

「恐いって言ったって、まさか夜逃《よに》げはできねぇじゃねぇか。そうだろ？　だからな、佐野山、今日は俺《おれ》がお前《め》ぇに、とっておきの技を教えてやろうじゃねぇか。よく聞くんだぞ。わかったな？　ハッケヨイと軍配《ぐんばい》が返ったらな……」

「そんなことはわしにもわかっております。ハッケヨイと軍配が返ったら、わしゃ谷風関の前みつ取って、グーッと一気に押し出して……」

「お前《め》ぇにそんなことができる訳ないじゃないか。いいかい？　軍配が返ったら、何でもいいからその場に

コロッとひっくり返っちまいな。そうすりゃな、ひっくり返った奴《やつ》を踏みつけるなんてことはできないからな。いいかい？　佐野山！」

「なるほど、わしゃ、土俵の上でひっくり返るのは得意技《とくいわざ》だ……」

「何を情けないことを言ってやがんだい！」

夜が明けますと、興行《こうぎょう》が行われております神田明神《かんだみょうじん》の境内《けいだい》は一杯《いっぱい》のお客様であふれかえっております。もはや立錐《りっすい》の余地《よち》もございません。

「さあさあ、始まりますよ。佐野山と谷風の取り組みだよ。早くはじまらねぇかな」

番数《ばんかず》段々取り進んでまいりますうちに、結びの一番が佐野山、谷風戦でございます。

「いよいよだよ。でもね、あの親孝行者の佐野山がね、殺されちゃうのはかわいそうだよ。でもしょうがねぇやな。せめて声だけでも掛《か》けて、応援《おうえん》してやろうじゃねぇか。おーい、佐野山ーッ、頑張《がんば》れよーッ！　そこでひっくり返っちゃったって構《かま》わねぇんだぞーッ！　佐野山ーッ、頑張れーッ！」

「佐野山頑張れーッ！」

「親孝行もんの佐野山ーッ！」

と誰《だれ》もが今日ばかりは佐野山を応援しますのは判官贔屓《はんがんびいき》というやつでございます。

肝心《かんじん》な勝負でございますから行司《ぎょうじ》は木村庄之助《きむらしょうのすけ》。呼出奴《よびだしやっこ》が自慢《じまん》の声で呼び上げますと、行司が東西の相撲取りを呼びます。左右から土俵《どひょう》へ上がって来ましたのは谷風と佐野山。塵手水《ちりちょうず》をいたしまして、両人が互《たが》いに仕切りを行いますと、行司が「見合って、見合って」。

いざ、軍配《ぐんばい》が返りますと、佐野山権平は谷風梶之助の胸板《むないた》を目掛《めが》け、ドーンとぶつかっていった！と言いたいところですが、何しろ、昨日《きのう》、技《わざ》を教えられていますから、ぶつかると見せかけて、佐野山はコロッとひっくり返ろうとした。驚《おどろ》いたのは谷風でございます。思わず「佐野山危《あぶ》ない！」とまわしをつかんで抱《だ》きかかえてしまいます。すると谷風はこれを受けつつ、相手に膝《ひざ》をつかせないように段々と後ろへと引っ張っていき、土俵際《どひょうぎわ》までまいります。そのときに谷風は、佐野山の耳元でそっと、「佐野山、よいからその調子でわしを押《お》せ。よいからもっとわしを押せ」。

言われて佐野山は「それでは失礼させていただきます」ってんで押しますと、驚いたのは見物人。

「見たかい？　佐野山が横綱を押したよ。もう一息《ひといき》だ！　大したもんだ佐野山ーッ！」

「押すんだ。押すんだ、沢庵石《たくわんいし》の佐野山！」

「何だい？　その沢庵石っていうのは」

「佐野山の押しがあんまり強いもんだから、相撲も香々《こうこ》も押しが肝心《かんじん》だって言うんだ」

「何を洒落《しゃれ》ていやがんだい……」

土俵の上では佐野山がもうひと押しすればいいのですが、お世話になっている谷風関に勝ったんでは相済《あいす》まないと思ったものか、ピタッと止まってしまい、まるっきり動かなくなってしまいます。

谷風は「このままでは土俵の上で二人して歳を取ってしまう」と考え、佐野山のまわしを引き付けると見せかけて、自分の足をヒョイと土俵の外へ踏《ふ》み出し、そのまま土俵の下へ転《ころ》がってしまいます。

サッと軍配が佐野山の方に上がり、「佐野ー山ーッ」と勝ち名乗りが響《ひび》きますと、見物客がウワーッと大騒《おおさわ》ぎ。

「さ、佐野山が、た、谷風に勝っちまったよ。てぇしたもんだ、佐野山！」

「えれぇもんだ、佐野山！　あいつは俺の親戚《しんせき》だ！」

「嘘《うそ》をつくんじゃねぇや」

神田明神の境内は大きな声援《せいえん》で包まれました。

谷風は後《のち》になってこのことを、

「わしは誰にも負けんつもりじゃったが、あの佐野山にだけは負けました。あれは佐野山の技がわしに勝ったのではない。佐野山の親孝行の心根《こころね》がわしに勝ったのじゃ。実に大したものじゃ」

と人々に物語りました。

これを聞いた人々も、谷風梶之助の情け、ならびに佐野山権平の親孝行に感服《かんぷく》いたしまして、誰一人としてこの相撲を非難することはなかったと言います。

佐野山はこの一場《ひと》所で相撲を引退《いんたい》し、自分の生まれ故郷へ帰り、田地《でんち》を買い求めて暮らしをはじめますが、谷風梶之助の恩を忘れることはなく、江戸表《おもて》へ出て来ますと谷風のところを訪ね、梶之助の亡くなりました際には、葬式《そうしき》や何やかやを引き受けたそうでございます。

これらはすべて孝行の徳ということでございます。孝行に勝《まさ》るものなし。

「わしが国さで見せたいものは昔ゃ谷風今伊達模様《だてもよう》」と歌にまで唄《うた》われました名力士。

「寛政力士伝」より『谷風の情け相撲』の一席の抜き読みでございます。

●作品の背景●

第四代横綱の谷風梶之助《たにかぜかじのすけ》と、その弟子にあたる大関の雷電為右衛門《らいでんためえもん》、そして第五代横綱小野川喜三郎《おのがわきさぶろう》の三名の力士を中心に、佐野山との情け相撲や、小野川と雷電の遺恨《いこん》相撲といったもので構成される『寛政力士伝』の中の一席です。

この話に登場する谷風梶之助（寛延《かんえん》三年（一七五〇）～寛政《かんせい》七年（一七九五））は実在した仙台藩出身の力士で、六十三連勝の記録を持つ江戸後期に活躍《かつやく》した名力士で、五代横綱の小野川と人気を二分しました。

この話で紹介されるような佐野山という十両力士と八百長試合を行ったというのはフィクションとされていますが、横綱としての谷風の人格者ぶりが描《えが》かれた逸話（エピソード）として伝わっています。

現在でも寄席《よせ》の高座でよく聞くことのできる話で、二〇二〇年に講談の大名跡《だいみょうせき》である神田伯山《かんだはくざん》を襲名《しゅうめい》する予定の神田松之丞《かんだまつのじょう》が得意にして演じている他、落語でも『佐野山』という題で演じられています。

知っておきたい用語集

年寄《としより》　大相撲《おおずもう》の力士が引退した後、年寄株《としよりかぶ》を取得して襲名《しゅうめい》する名称。各部屋で力士の養成《ようせい》にあたったり、また相撲協会の役員として協会の経営にあたったりする人をいう。通常は「親方」と呼ばれることが多い。

寛政《かんせい》　江戸時代の元号の一つ。一七八九～一八〇一年。光格《こうかく》天皇の代。江戸幕府《ばくふ》の将軍は第十一代徳川家斉《とくがわいえなり》。

心技体《しんぎたい》　精神力（心）・技術（技）・体力（体）の総称《そうしょう》で、相撲《すもう》界をはじめとしたスポーツ界でよく使う。

関取《せきとり》　元々は大関の異称《いしょう》（別称《べっしょう》）であったが、現在では幕内および十両力士の敬称《けいしょう》。紋服《もんぷく》を着ることができ、まげも大銀杏《おおいちょう》に結《ゆ》うことができる。

赤貧《せきひん》洗うが如《ごと》し　大変に貧しくて、洗い流したように何一つ所有物のないさま。

京橋《きょうばし》　東京都中央区の地名。江戸時代に日本橋を起点に東海道を進むときに、京へ上《のぼ》る最初の橋があったことから、その名が付いた。

化粧《けしょう》まわし　相撲《すもう》で十両以上の力士が土俵《どひょう》入りのときなどに用いるまわし。前面に前垂《まえだ》れようのものがあり、それに金糸《きんし》、銀糸《ぎんし》の刺繍《ししゅう》などを施す。

四股《しこ》　相撲《すもう》の基本動作で、両足を開いて構《かま》え、膝《ひざ》に手をそえて足を交互《こうご》に高く上げ、力をこめて踏《ふ》みおろす動作。

須田町《すだちょう》　東京都千代田区の地区。神田川の右岸に位置し、正式には神田須田町という。

前みつ　「みつ」は相撲《すもう》取りが締《し》めているまわしのことで、相手のまわしの前（前まわし）の部分をつかむこと。前褌。

立錐《りっすい》の余地《よち》なし

→立錐の余地もない　人がぎっしりつまっていて、少しのすきまもない

判官贔屓《はんがんびいき》

→判官贔屓《ほうがんびいき》　源《みなもとの》義経《よしつね》が兄頼朝《よりとも》に滅《ほろ》ぼされたことに人々が同情したことから、弱者の者に同情し、味方すること。また、その気持ち。判官《はんがん》は義経の官職。判官《ほうがん》は義経の

仙台市青葉区の勾当台《こうとうだい》公園に立つ。第四代横綱谷風の銅像

［Wikipedia］

東京都江東区富岡の富岡八幡宮《はちまんぐう》（通称・深川八幡宮）に建っている「横綱力士碑」

［編著者撮影］

名、九郎判官《くろうほうがん》源義経に由来。

木村庄之助《きむらしょうのすけ》　相撲《すもう》界で行司《ぎょうじ》の最高位にある立行司《たてぎょうじ》の名。

呼出奴《よびだしやっこ》

→呼出《よびだし》　相撲《すもう》界で力士の名を呼び上げて土俵《どひょう》に上がらせたり、土俵の整備《せいび》や取り組みの進行、やぐら太鼓《だいこ》を打ったりする役。

塵手水《ちりちょうず》　相撲《すもう》で、土俵《どひょう》上で力士が取り組み前に行う礼式。徳俵《とくだわら》で蹲踞《そんきょ》（膝《ひざ》を折って腰《こし》を落とした姿勢《しせい》）し、柏手《かしわで》をした後、両手を左右に開き掌《てのひら》を返す一連の動作。

香々《こうこ》　生の野菜を糠味噌《ぬかみそ》や塩につけた食品。沢庵漬《たくわんづけ》。こうのもの。つけもの。

講談
歌舞伎
落語
歌謡曲

お富与三郎

〈おとみよさぶろう〉

世話物
兄弟
夫婦
嫉妬

●作品のポイント●

歌舞伎の世界では「生世話物《きぜわもの》」（生粋《きっすい》の世話物）といって、庶民の生活を題材にした作品があります。『お富与三郎』と呼ばれることの多いこの作品は、その代表作の一つです。

歌謡曲として昭和二十九年（一九五四）に春日八郎《かすがはちろう》によって唄《うた》われ、大ヒットした『お富さん』（作詞・山崎正、作曲・渡久地政信）が知られています。

数奇《すうき》な運命を経て再会を果たした、深く惚《ほ》れ合った男女に、新たに待ち受けている運命とは……。

舞台芸能である歌舞伎で演じられる場合と、話芸である講釈で演じられる場合、さらにその演者によって、細かな設定やセリフ回しは異なる部分があります。ここでは明治・大正期に演じられた速記を元にして物語を紹介します。

ここまでのあらすじ

江戸は横山町三丁目の鼈甲問屋《べっこうどんや》「伊豆屋《いずや》」の若旦那《わかだんな》である与三郎《よさぶろう》は、「今業平《いまなりひら》」と呼ばれるほどの気立てが良くていい男。養子《ようし》であったことから、実子《じっし》である弟の与五郎《よごろう》に跡目《あとめ》を譲《ゆず》ろうと、遊び惚《ほう》けて勘当《かんどう》を受け、木更津《きさらづ》の知り合いのところへ預けられます。ある日、浜辺《はまべ》へやって来た与三郎は、やくざの親分である赤間《あかま》（赤馬）源左衛門《げんざえもん》の妾《めかけ》で、江戸で評判の芸者お富と出会い、互《たが》いに一目惚《ひとめぼ》れをします。

【本　題】

芝居《しばい》の方では『与話情浮名横櫛《よわなさけうきなのよこぐし》』の中より「切られ与三郎」というお話でございます。

与三郎という男は日本橋横山町の伊豆屋与兵衛《いずやよへい》という鼈甲問屋《べっこうどんや》の一人息子で、役者にしてもいいという美男。これが病気療養《りょうよう》のために、上総《かずさ》の木更津《きさらづ》の藍屋《あいや》という質屋《しちや》を営んでいる親類のもとへいるうちに、この木更津で一番の大親分で赤馬源左衛門《あかまげんざえもん》という博打《ばくち》打ちの女房《にょうぼう》である横櫛《よこぐし》のお富《とみ》といい関係になります。

お富という女は深川の櫓下《やぐらした》の芸者で、一枚絵に出たという、やはりいい女。一年中、いつでも黄楊《つげ》の櫛を差していることから「横櫛のお富」と呼ばれております。それを源左衛門が金を出して身請《みう》けをして、木更津へ連《つ》れて来て女房へした訳でございますが、田舎《いなか》の博打打ちなどと一緒《いっしょ》になっているのは嫌《いや》で嫌でたまらない。

ところが相手は命知らずの博打打ちですから、うかつなことをしてどんな目に合うか分からないので我慢《がまん》していましたが、源左衛門が常陸《ひたち》の方へ旅をして留守《るす》をしている間に、与三郎とお富が出会い、いい仲になります。誰《だれ》にも知られまいと思っていても、悪いことはできないもので、それが源左衛門の知るところとなります。こうして間男《まおとこ》をするというのも、与三郎の顔が良すぎるから女が惚《ほ》れるんだと、傍《かたわ》らにあった親から譲《ゆず》られた関《せき》の孫六《まごろく》の柄《つか》に手を掛《か》け、鞘《さや》を払《はら》うと、「この顔が悪いんだ」と、与三郎の頬《ほお》をはじめ、与三郎の手足と、切りも切ったり三十四か所の刀傷《かたなきず》。

お富はその様子を見て逃《に》げようとする。源左衛門の手に掛《か》かり命を落とすくらいであれば、海に飛び込もうという考え。もしそれで死んだとしても、三途《さんず》の川《かわ》で与三郎と落ち合って、手に手を取って渡《わた》ればいいと南無阿弥陀仏《なむあみだぶつ》と白泡《しろあわ》立った木更津の海へザブンと飛び込《こ》んでしまいます。

お富に逃《に》げられたんじゃあ仕方《しかた》がない。与三郎へ引導《いんどう》を渡《わた》そうと、源左衛門は左手で胸倉《むなぐら》をつかみ、右手に関の孫六を持ちますが、子分から木更津一の親分が女房を取られて殺したんじゃあ格好《かっこう》がつかない。ここは与三郎のことは殺さずにおいて、藍屋《あいや》へ連《つ》れて行って金に換《か》えたらいいだろうと知恵をつけられて、与三郎は芋俵《いもだわら》の中に入れられて、藍屋へと連れて行かれます。

それから与三郎を医者に見せると、急所を外れていたとみえて、運が良かったのか命だけは助かったが、すっかり変わり果てた姿になってしまいます。与三郎は江戸へ帰るのも恥《は》ずかしいが、どこへも行くところはありませんから横山町へ帰ったが、子には甘《あま》いというのも世の常。しばらくはおとなしく暮らしていましたが、三年経《た》った五月の二十八日、

「クヨクヨするのではない。若いうちにはありがちな間違《まちが》いだ。何も心配することはない。もっと気を大き

く持って、しっかしりているがよい」

「お父さんには色々とご心配をかけまして……」

「またはじまった。それがいけないのだ。親子の中で心配もへったくれもないじゃないか。今日は二十八日で両国《りょうごく》の川開きだ。花火でも見て気を晴らしてきなさい。さあさあ行ってきな」

父親は色々と心配をする。与三郎は出掛《でか》けて行くのも親を安心させるためと思い、着物を着替えて、傷《きず》のある顔を隠《かく》すために手ぬぐいで頬《ほお》かむりをして、両国の広小路《ひろこうじ》までやってきます。

今も昔も川開きの雑踏《ざっとう》に変わりはないもので、橋の欄干《らんかん》は人で埋《う》まっている。川にはいっぱいの舟。与三郎が人混《ひとご》み押《お》され押されて、それから不動様へ参詣《さんけい》をして戻《もど》ろうという途中《とちゅう》、行き違《ちが》った女の顔を見て「おや」と立ち止まった。

「お富によく似た女だが、まさか生きている気遣《きづか》いはあるまい。それにしてもあの横顔はお富と瓜《うり》二つだ」と心にかかるままに女の後をつけていくと、やがてその女は玄冶店《げんやだな》へ来て格子造《こうしづく》りの粋《いき》な住まいへと入っていく。粗《あら》い唐桟柄《とうざんがら》のお召《め》し縮緬《ちりめん》に、献上《けんじょう》の丸帯を締《し》めて、細面《ほそおもて》の背のスラリと高いのがお富にそっくりであったが、自分でさえ不思議《ふしぎ》な命を助かったくらいだから、まさかお富が生きているはずはない。どうにかしてこの女を見定めたいと、家の中を覗《のぞ》いていると、

「もし、頬かぶりの兄《にい》さん、お前そこで何をしてなさるんだい」

後ろから声を掛《か》けられたのでびっくりする。

「はい」

「はいじゃねぇ。何だってここの家を覗いているんだ。物騒《ぶっそう》な野郎だ」

「いえ、決してそんな者じゃございません」

と言いながら相手の顔を見ると、松坂木綿《まつざかもめん》鼠《ねずみ》微塵《みじん》の単衣《ひとえ》に三尺《さんじゃく》を締《し》め、冷飯草履《ひやめしぞうり》を履《は》き、頭を突《つ》っ込みにした、四十を二つ三つ出たと思われる、背の高い色の浅黒い男。右の頬には蝙蝠《こうもり》が一匹彫《ほ》ってある。もう一人は、鳴海《なるみ》絞《しぼり》の三ツ口のあいた女物の着物を着て、頭を坊主《ぼうず》にした男の二人連《づ》れ。これが蝙蝠安《こうもりやす》と富坊《とみぼう》主《ず》の二人でございます。芝居《しばい》の方では安《やす》一人ですが、講談の方では富坊主というオマケがついてくる。この方が史実にあっているということで……。

安は元は屋根屋、富は左官《さかん》の職人で、お互《たが》いにいい腕《うで》を持っていながら、大の怠《なま》け者《もの》。博打《ばくち》打ちというほどではないが、このあたりを荒らす悪《わる》で、葺屋町《ふきやちょう》、堺町《さかいちょう》では知らない者はない。今日もここの家へ銭《ぜに》もらいに現れたところ。

「何だって、お前さんはこんなところに立っているんだ。人と待ち合わせをしているのでもなかろう」

「少々用事がございまして……」

と言いながら与三郎が顔を上げますと、洩《も》れてくる灯《あか》りで彼の顔を覗《のぞ》き込んだ安が思わず「アッ」と声を上げた。

「おい、富。ちょいと見ろ。この男は恐《おそ》ろしい面《つら》をしているぜ」

「どれ。なるほど、いい面をしている」

「お前さんはどうしてそんな顔になんなすった」

「田舎《いなか》へおりますときに、鎌鼬《かまいたち》に引っ掻《か》かれまして、こんな顔になりました」

「へえ、ひどいものだな。しかし世の中は思うようにはならねぇな。見たところではお前さんは堅気《かたぎ》のようだが、その面がこちとらにあったら、大した銭儲《ぜにもう》けになるんだが……。富、どうでぇ凄《すご》みのきく顔じゃねぇか」

「まったく素人《しろうと》にはもったいねえ面《つら》だな。まあ、そんなことはどうでもいいが、お前さん、ここの家に何か用でもあんなさるか」

「はい、少し見たいものがありまして」

「おかしいじゃねぇか。堺町へでも行ったら見たいものは軒並《のきな》みに並んでいるが、こんな家の前で見てえというのは、どういう訳だい」

「実はなんでございます。さっきここへ入った女の顔を見たいと思いまして」

「女を見たい。そうか、いや、なに、訳のねえことだ。だがな、お前さん、ここの女に何か因縁《いんねん》でもあるのかい」

「別に因縁という程《ほど》のこともございませんが、少しばかり探している者に心当たりがありまして……」

「どうもお前さんは、何ぞいわくのありそうな男に見えるが、それじゃあここの家の女を見ることさえできりゃあ、それでいいんだな」

「さようでございます」

「じゃあ、少し待ちねえ。おい、富、どうだい、この面《つら》を道具に使ったら」

「なるほど、そいつはいい考えだ。この面を突《つ》き出したら、二朱《にしゅ》くれるところを一分《いちぶ》出すだろうよ」

「俺《おれ》もそう思うから、手前《てめ》ェに相談したんだが。ねえ、お前さん」

「はい」

「言わなくともわかるだろうが、わっちどもはこの辺《あたり》のゴロツキだ。実は懐《ふところ》が寒いんで、ここの家へ飲《の》み代《しろ》をもらいに来たんだが、もう度々《たびたび》のことなんで、大方《おおかた》断られるだろうと思う。それは断られたところで、こちとらが凄《すご》みのあるセリフを並べればいくらかにはなるだろうが、そんなことをしているのは面倒《めんどう》だ。第一、二人ともあんまり睨《にら》みのきく面《つら》じゃねぇ。仕方がねえから、こうやって顔に蝙蝠《こうもり》の絵を描《か》いて凄《すご》みをきかせたつもりだが、何となくとぼけたところが三枚目になりたがる。ここにいる富坊主だって、目ばかりくるくる回しやがって、まあかっぽれを踊《おど》るには、こういう面《つら》じゃなけりゃあいけねえ」

「おいおい、つまらねえことを言いなさんな。かっぽれを踊る面ってえなあ、ひどかろう」

「黙《だま》ってろ。ところでお前さんの面を飲み代もらいの元手《もとで》に使いてぇと思うがどうだろう。暫時拝借《ざんじはいしゃく》ということはできねえかな」

「妙《みょう》なものがご入用《いりよう》ですな。しかし私の顔をどこへ持っていらっしゃるんで?」

「今も言った通り、お前さんの凄《すご》みのきく面《つら》を使って、ここの家の女房《にょうぼう》からいくらか飲み代をせしめようという魂胆《こんたん》だ。つまり、お前さんをわっちどもの若親分《わかおやぶん》ということにして、今度、仲間の者と間違《まちげ》えをしたために、この通り怪我《けが》をいたしました。ついては草津へ湯治《とうじ》にやって、この傷を治《なお》しとうございますから、少々草鞋銭《わらじせん》を頂かしてくださいと持ち込《こ》むんだ」

「なるほど」

「お前さんも一緒《いっしょ》に家の中へ入って、その面《つら》を見せて、わっちどもが小遣《こづか》いをもらう。そうすりゃ、何も下駄《げた》泥棒《どろぼう》と間違《まちが》えられるようなことをしなくとも、充分《じゅうぶん》に女の顔を見ることもできるだろう」

「そうでございますか」

「それで一挙両得《いっきょりょうとく》というやつだ。それじゃあ、ちょっとこしらえを直しておくんなさい。着物はいいが、帯をそんな上へ締《し》めちゃあいけねえ。もっとずっと下げて、尻の上で締めて、胸を開《あ》けなくっちゃいけねえ。おい、富。頬《ほお》かむりを直してやってくれ」

「まるでカボチャ畑へ入った盗人《ぬすっと》のようだ。いいから鼻のところでこうするんだ。そうそう、これですっかり身支度《みじたく》が整った」

「妙なものだな、こしらえを変えると立派《りっぱ》なゴロツキに見えるから不思議《ふしぎ》だ。そこで、今も言った通り、お前さんを若親分ということにして、銭《ぜに》をもらいに行くが、相手はなかなか出してくれねえ。はじめっからその面《つら》を拝《おが》ましたんじゃ仕事はできねえから、俺たちのうしろで尻《しり》をクルッとまくって、横向きに座って、左の手は懐《ふところ》に入れて、それで俺たちの掛《か》け合いを聞いていて、そうしたらお前がちょいと横目でにらんで、腹をポンと叩《たた》くんだ」

「お腹《なか》を叩きますか」

「腹を叩くって言ったって、月に浮かれた狸《たぬき》じゃあるめぇし、無暗《むやみ》に叩いちゃいけねえ。急所を見て時々叩くんだ。そうやって向こうを嫌《いや》がらせるんだが、腹を叩くと一緒《いっしょ》に貧乏《びんぼう》ゆすりをすることを忘れちゃいけねぇよ」

「なかなか難《むずか》しうございますな」

「すると女がいくらか出してくれる。それが思った通り、一分《いちぶ》ぐれえ出してくれりゃ、礼を言って帰るが、もし額が少ねえと思ったときは、俺《おれ》がわざと『もし、若旦那《わかだんな》、これだけおかみさんがくれました』とこう言う。そう言われたらお前さんがポーンと正面を切るんだが、いいかい？　これからが難しいよ。よく覚えておいてくれ。儲《もう》かる役なんだから」

「芝居《しばい》をするようですな」

「そうよ。お前《めえ》は千両役者《せんりょうやくしゃ》だ。ポンと正面を切って、被《かぶ》っている手拭《てぬぐ》いを左の顎《あご》の下からバラリと取り、その面《つら》をヌッと突《つ》き出し、『もしおかみさんへ、もう少し光らしてやっておくんなせえ』と、そうして初めて凄《すご》みをきかせるんだ。だから、それまではあんまりその面を見せねえように横の方へ座っていておくんなさいよ。きっかけの来るまで面を見せねえように。いいかい？　腹を叩くことと貧乏ゆすりと、光らせておくんなせえ。この三つだけを忘れねえように頼《たの》みますぜ」

「かしこまりました」

「間違《まちげ》えのねえようにやっておくんなせえ」

「大丈夫《だいじょうぶ》でございます」

「おい、富《とみ》、すっかり本読みも済んだから、そろそろ幕を開けようぜ」

「よし来た」

先に立った蝙蝠安と左官の富坊主が格子戸《こうしど》をガラガラと開け、

「ごめんなさいまし」

「はい、どなた？」

「先だってはとんだご厄介《やっかい》になりました」

「おや、お前さんは」

「エヘヘヘヘ、安《やす》でございまして、さあ若親分、どうぞこっちへお上がんなすって」

そう言われると、与三郎はペタペタと腹を叩《たた》くので、

「まだ早いよ」

「何が早いんだい？」

「いえ、なに、こっちのことでございます。ごめん下さいまし」

「なんだね図々《ずうずう》しい、ズカズカと他人の家へ上がって来て……」

と言うのを、与三郎がチラリと見ると、紛《まぎ》れもないかのお富。自分の目に間違《まちが》いはない、やっぱり生きていてくれたか。それにしても、こんな家に贅沢《ぜいたく》らしい暮らしをしているのはとあたりを見廻《みまわ》しながら考えに沈《しず》みます。

一方で安蔵《やすぞう》と富蔵《とみぞう》がここを先途《せんど》とまくし立てます。

「ところでご新造《しんぞ》さん、こうしてお伺《うかが》いたしましたのは他でもございません。ここへ連《つ》れて来ましたのは、わっちどもの親分の倅《せがれ》でして、少しばかりつまらねえ間違いをして、ご覧の通り、怪我《けが》をしたもんでござい

ます。そこで今度草津へ湯治《とうじ》にやることにいたしまして……」

そろそろきっかけがやって来た。与三郎はここだなと思うから、ペタペタと腹を叩く。

「うめえ、うめえ。……ところで湯治にやるにしたって……、ねえ、おかみさん。何分、先立つものは……という訳でして、申し訳ありませんが、ほんのわずかの草鞋銭《わらじせん》、どうぞお恵《めぐ》みなさっておくんなさいまし」

「お話はわかりましたよ。それじゃあこれを持って、今日のところは帰っておくんなさいまし」

「お話のわかりの早えこと、これはどうもありがとうございます。……もしご新造さん、ええ、姐《ねえ》さん！

こりゃあ二百文じゃございませんか」

「数えたらおわかりだろう。二百文じゃ不足だと言うのかい」

「不足のなんのと言えた義理じゃござんせんが、こりゃあ、あんまりひどいじゃございませんか」

「ひどけりゃ返すがいい。こっちは無理にやろうとは言わないよ」

「こいつは恐れ入った。よォ富、二百だとよ」

「なに？　二百だ。返《けえ》しちまえ！　ガキじゃあるめぇし、大の男が三人、雁首《がんくび》を揃《そろ》えてやって来て、そんなはした金をもらって帰れるか。姐さん、お前が堅気《かたぎ》の女なら二百でもありがとうございますと言って帰りましょうが、俺たちを何だと思ってやがるんだ！」

「これ、富、止《よ》せてえんだ」

「何を言いやがる。掛け合いは俺がしよう。若親分、お聞きの通りです。こちらを向いておくんなせえ」

くるっとこっちを向いた与三郎が、

「もしご新造さん、お富さん、いやさ、お富、久し振《ぶ》りだなあ」

と手拭《てぬぐ》いを取って見交《かわ》す顔と顔、

「あっ、お前は！」

「おお、与三郎だ。しがねえ恋《こい》の情《なさけ》が仇《あだ》、命の綱《つな》の切れたのを、どうとりとめてか木更津《きさらづ》から……」

と、芝居《しばい》の方だと名セリフの出るところ。蝙蝠安と富坊主の二人は何が何だかわからないので、手もちぶさたでモゾモゾしていると、そこへ表の格子《こうし》をガラリと開けて入って来たのは井筒屋《いづつや》の番頭である利兵衛《りへえ》。

これがこのときお富の世話をしている旦那《だんな》です。

「お富、この人達はいったい何なんだい」

「いいところへお見え下さった。今、この三人があなたの留守《るす》へやって来て、色々と脅《おど》し文句を並べて、お定まりの銭貫《ぜにもら》い。二百やりましたら、少ないと言っておりますところで……」

「そうか、それは丁度いいところへ来た。そこのお二人さんも少しこっちへお寄りなさい。その端《はし》の方、あなたの顔に何か大きな虫か蝙蝠《こうもり》の刺青《いれずみ》をしてらっしゃるのか、なかなか風流なお方でいらっしゃる。その隣《となり》の方は、おや、お前は左官の富八じゃあないか」

「いや、はや、こいつはいけねえ。安、帰ろう帰ろう。大変な家へ来ちまった。お出入りの店の番頭さんの妾宅《しょうたく》とは知らなかった。帰ろう、帰ろう」

「待て待て、富八、貴様《きさま》、ここが俺の家と知らずに来たんだな。このご近所を回り歩いて、こんなことをして人様にご迷惑をかけているのか、ばか者！」

「へ、へい」

「これ富八、よく聞け。貴様の親父富右衛門《とみえもん》は元は家も地面も相応にあった身代《しんだい》だったが、お前の代になって不心得《ふごころえ》からみんなそれを使い果たしてしまった。堅気《かたぎ》の職人の子に生まれながら、三十面《づら》下げて、そのざまはなんだ。この間も親父が涙《なみだ》をこぼして俺にな、私ももう七十三、不孝な倅《せがれ》のために情けないことになりました。お会いくださったときに、どうか真人間になりますよう、あなたから意見をお願いしますと話していた。親の心子知らずとはお前のことだ、この罰《ばち》当たりめ」

「へえ、どうも、なんとも申し訳次第もございません。ご勘弁《かんべん》下さいまし。どうもとんだお宅へ飛び込《こ》んだもんだ。まったく知らずに参ったんで、お宅だとわかりゃあ、江戸は火事早いところ。ジャンと鳴ったら、すぐに飛んで参ります」

「分かったら早く帰れ。さあ、これは小言の言い賃だ。持ってけ」

前へ出したは小判三枚。

「ど、どうも。お話のわかったことで、これは遠慮《えんりょ》なくいただきます。さあ、安、早くお礼を申し上げてお暇《いとま》しようぜ」

「どうも旦那、また多分に頂戴《ちょうだい》いたしてありがとうございます。またこれをご縁《えん》にどうぞご贔屓《ひいき》に」

「誰がお前らを贔屓にするものか。早く行きな」

「どうもご挨拶《あいさつ》で……。おいおい兄さん、お前にも分け前を上げるところだが、いらねえだろうから、これは俺たち二人で半分ずつ分けるよ」

「その疵《きず》だらけのお若い方、あなたはちょっと待ってもらいましょう。

「少しばかりご用がございます」

「へえ」

「さ、二人は早く帰れ」

「どうもありがとうございました」

金を押しいただいて二人は家を出て行きます。あとに残った与三郎、固くなってモジモジとしていると、

「さあ、お前さん、もうすこしこちらへ。どう見ても、その格好は付け焼刃《やきば》。お富のさっきの様子といい、もしやお前さんは横山町の鼈甲《べっこう》問屋伊豆屋《いずや》の若旦那《わかだんな》与三郎さんではありませんか」

「えっ!」

「お隠《かく》しなさいませんでも、お富との経緯《いきさつ》は知っておりました。上総木更津《かずさきさらづ》のやくざの女房《にょうぼう》お富と通じたばかりに、あなたはなぶり殺しの血の池地獄《じごく》。その苦しみを見るのが嫌《いや》さにお富は海に身を投げて、漂《ただよ》う波に夢うつつ、その木更津の沖中で、江戸から行った油船《あぶらぶね》に助けられ、千辛万苦《せんしんばんく》のどん底を、ふとした縁《えん》で救ったのが……と言うのもおこがましいが、この私が面倒《めんどう》を見るようなことになり、見越しの松に舟板塀《ふないたべい》、家は持たしてありますが、酒の相手や茶飲み話で、与三郎さん、このお富の身体《からだ》にゃあ、指一本つけたことはありません。私に隠《かく》れて仏間《ぶつま》へ入って念仏の、主《あるじ》は言やあ死んだものと思い込《こ》んでるお前さん、惚《ほ》れた男へ立て通す、実意《じつい》に私も泣かされました。男のやせ我慢《がまん》と笑っておくんなさるな。お富、与三郎さんがこんな姿になったのも、元はと言えばお前から、浮世《うきよ》のすたれ者となったこの方に、惚れたはれたは最初のこ

と、実意を見せるは女の道、今日これ限り私は手を引きましょう。この家《うち》ぐるみ家財道具残らずお前に置き土産《みやげ》、与三郎さんの面倒を幾千代《いくちよ》かけて見ておあげなさい。二人とも泣くことはない。今日は思いのかなった二人にとってはめでたい日だ。さしずめ私は仲人役《なこうどやく》、その仲人は宵《よい》の内、長居は無粋《ぶすい》。若旦那、ご縁があったらまたお目にかかるといたしましょう」

と、羽織《はおり》を引っ掛《か》け、利兵衛は立ち上がり、雪駄《せった》をチャラチャラと鳴らして、どぶ板を踏んで出て行きます。あとに残った与三郎とお富の二人は、嬉《うれ》し涙《なみだ》があとや先、

「与三さん、助かるはずのなかった両人が回り巡《めぐ》って三年目、こうして会えたも尽きせぬ縁、今の旦那のお言葉でも、生涯《しょうがい》仲良く添《そ》い遂《と》げねば申し訳がない。命にかけても与三さん、養《やしな》いますよ」

「お富、そりゃあ本当の言葉か。しかし昔と違って、今のこの顔かたち、見まいと思う鏡に、ふと映《うつ》る自分の容貌《すがた》、愚痴《ぐち》のようだが涙がこぼれる。なりゃあこそ色気《いろけ》を捨てた三年越《みとせ》し、変わり果てたこの俺に、お富……、義理いっぺんに今のようにやさしく言ってくれるものの、朝夕見たら愛想《あいそ》が尽《つ》きようかと、それが案じられる……」

「与三さん、何をお言いだね、私はそんな薄情《はくじょう》な女じゃないよ。横山町の業平《なりひら》と言われたお前は有名な器量よし。そんな容貌《かお》にしたのもみんな私ゆえ、思えば申し訳ない。さぞご両親もこのことをお聞きになって私を憎《にく》んだことでございましょう。与三さん、私ゃ木更津のときより一層お前が愛《いと》しくなりました。存分可愛《かわい》がっておくんなさいよ」

「お富！」

「与三さん！」

手に手を堅《かた》く握《にぎ》り合います。

ところが悪の道には染まりやすく安と富の二人に勧《すす》められ、博打宿《ばくちやど》を始めると、今度はお富を餌《えさ》に金持ちを引っ掛け美人局《つつもたせ》。果ては仕事の邪魔《じゃま》と富坊主を与三郎が殺す、それを見ていた蝙蝠安がゆすりにかかる。そして与三郎は一時佐渡島《さどがしま》へ流されます。再び娑婆《しゃば》へ戻ったとき、気の変わったお富のためについに一命を捨てるという、与三郎の最期はあまり巷間《こうかん》に伝わっておりませんが、お富のために品川で殺され、お富もまた与三郎を殺したということを知られて、お仕置《しお》きになります。

『与話情浮名横櫛《よわなさけうきなのよこぐし》』、「お富与三郎」の一席。

このあとの展開

井筒屋《いづつや》の番頭が身を引いたあと、お富と暮らしはじめた与三郎は家を勘当《かんどう》になります。しばらくして暮らしに困っていたときに蝙蝠安《こうもりやす》がやってきて、二人の家を博打場《ばくちば》として貸す提案をしてきたので、それを引き受けると、そこへ熱心に通ってくる奥州屋《おうしゅうや》がお富に惚《ほ》れ、お富も身を任せるようになります。

ある夜、お富が湯屋《ゆや》に出掛《でか》けたのと入れ違いに奥州屋が訪れると、そこへ目玉の富八《とみはち》という男がやって来て、お富の素性《すじょう》をあることないことを含めて話して聞かせるので、奥州屋はお富に愛想尽《あいそづ》かしをします。一部始終を隠《かく》れて聞いていた与三郎は富八を追い掛けると、稲荷堀《とうかんぼり》で富八を刺《さ》し、お富がとどめを刺して殺害します。

目玉の富八を殺したことを蝙蝠安《こうもりやす》に知られたお富と与三郎は、安から金をたかられるようになったので元柳橋《もとやなぎばし》へと引っ越します。

ある雨の日、老人が軒下《のきした》に駆《か》け込《こ》んできたので、お富は家の中で雨宿《あまやど》りをするように勧《すす》めます。その老人は芝田町《しばたちょう》で畳問屋《たたみどんや》を営む莨蓙松《ござまつ》という名で知られる隠居《いんきょ》で、蚊帳《かや》の中で二人して酒を酌《く》み交わしていると、雷が落ちたのをきっかけにお富に手を出そうとしたので、与三郎が包丁《ほうちょう》を持って二人に責《せ》め入ります。そして、五十両の金を要求すると、明日持参すると言う莨蓙松ですが、自分の持つ家作に住んでいる伊之助《いのすけ》という男に、美人局《つつもたせ》にあったことを相談します。伊之助が翌日になり与三郎を訪ねると、以前、知り合いであったことと、与三郎に家に戻《もど》ることを勧め、それが無理な場合は奉行所《ぶぎょうしょ》へ訴え出ると言い、十両で話を片付けます。それから数日して、お富がある小間物屋《こまものや》が莨蓙松と伊之助のたくらみを話しているのを偶然に耳にし、伊之助の家と莨蓙松の店に駆《か》け込《こ》んだところで、与三郎とお富の二人は召《め》し捕《と》られてしまいます。

裁《さば》きの結果、美人局の罪でお富は入牢《じゅろう》、与三郎は佐渡《さど》に島流しとなり、佐渡へ送られた与三郎は金山《きんざん》の坑内の水搔《みずか》き人足《にんそく》となり、過酷《かこく》な労働と粗末《そまつ》な食事を強《し》いられます。そしてお富へ会いたいという思いを募《つの》らせ、雨が激《はげ》しく降る夜に、仲間とともに命からがら越後《えちご》の柏崎《かしわざき》の鯨波《くじらなみ》に上がります。江戸へ向かう与三郎は、その途中で再会した木更津《きさらづ》の赤間（赤島）源左衛門《げんざえもん》を殺し、今は品川にいるお富のもとにたどり着きますが、お富は疎《うと》ましく思う与三郎のことを殺し、そのことで捕まり斬首《ざんしゅ》の刑を受けることになります。

●作品の背景●

長唄《ながうた》の四代目芳村伊三郎《よしむらいさぶろう》（一八〇〇〜一八四七）が、若い頃《ころ》に木更津《きさらづ》で体験した実話をモデルにした話と言われ、落語家である初代三笑亭可楽の門人であった菅良助《かんりょうすけ》（乾坤坊良斎《けんこんぼうりょうさい》）の作とされています。のちに落語では初代古今亭志ん生（一八〇九？〜一八五六）が、講釈では一立斎文車《いちりゅうさいぶんしゃ》（？〜一八六二）が得意にし、三代目瀬川如皐《せがわじょこう》の脚本《きゃくほん》で舞台化《ぶたいか》されています。

芝居《しばい》の方では、当初、江戸の中村座で嘉永《かえい》六年（一八五三）に『花覩窉初役《はなとみますやよいのはつやく》』という芝居の二番目として、『与話情浮名《よわなさけうきな》の横ぐし』の外題《げだい》で出された作品でしたが、一番目が不評で、二番目の『与話情浮名の横ぐし』が好評だったことから、『与話情浮名横櫛《よわなさけうきなのよこぐし》』と内容、外題ともに改めたところ大当たりしました。また、歴代の市川團十郎《いちかわだんじゅうろう》による与三郎をはじめ、豪華《ごうか》な配役を揃《そろ》えることの多い、人気の高い作品で、現在では、序幕《じょまく》の「見染《みそ》めの場」と、ここで紹介した三幕目にあたる「源氏店妾宅《げんやだなしょうたく》の場」が演じられるのが一般的です。

講談では、ここで紹介する場面の前段にあたる『木更津』の場が多く演じられますが、今回は最も有名な『玄冶店』の場を取り上げました。現在では神田陽子、神田 紅《くれない》といった女性講釈師が寄席《よせ》などで演じています。

知っておきたい用語集

鼈甲《べっこう》　海亀《うみがめ》の一種であるタイマイの甲を何枚か重ね、水と熱を加えながら圧縮してつくったもの。櫛《くし》や笄《こうがい》（髷《まげ》などに挿《さ》す箸《はし》に似た形をした髪飾《かみかざ》り）、眼鏡のつる、カフスボタンなど装飾品の材とする。

今業平《いまなりひら》　在原業平《ありわらのなりひら》（平安時代の歌人）が美男子の典型とされたことから、現代の世の業平ともいうべき美男。

跡目《あとめ》　家長としての身分や家督《かとく》。また、家督を継《つ》ぐこと。また、その人。跡取り。跡継ぎ。

勘当《かんどう》　近世の法制度において、親が子の所業《しょぎょう》をこらしめるために親子の縁《えん》を絶《た》ったこと。

木更津《きさらづ》　千葉県中部、東京湾に面する市。

妾《めかけ》　正妻《せいさい》の他に愛し、扶養《ふよう》する配偶者。

櫓下《やぐらした》　深川の遊里《ゆうり》の一つで、富岡八幡宮《とみおかはちまんぐう》の一《いち》の鳥居《とりい》の近くの火《ひ》の見櫓《みやぐら》付近を指す。

黄楊《つげ》　ツゲ科の常緑小高木《じょうりょくしょうこうぼく》で、その材は緻密《ちみつ》で狂いが少なく、印材や定規《じょうぎ》、櫛《くし》、将棋《しょうぎ》の駒《こま》、そろばん球などに用いる。

身請け《みう》　芸妓《げいぎ》や娼妓《しょうぎ》などを、身《み》の代金《しろきん》を払って年季（強制的に雇《やと》われる年限）のすまないうちに、その商売をやめさせること。

間男《まおとこ》　夫を持つ女が他の男とひそかに肉体関係を結ぶこと。また、その密通《みっつう》した相手の男。

関の孫六《せきのまごろく》　美濃国《みののくに》（現在の岐阜県）の刀工《とうこう》・孫六兼元《まごろくかねもと》。また、その後継者《こうけいしゃ》の鍛《きた》えた刀剣《とうけん》。

引導を渡す《いんどう　わた》　相手の命がなくなることをわからせる。あきらめるように最終的な宣告《せんこく》をする。

川開き《かわびら》　川涼《すず》みの開始を祝って行われる行事。江戸時代、隅田川《すみだがわ》では陰暦五月二十八日（現在の六月末ごろ）から三か月間が夕涼みの期間とされ、その初日を指す。両国で花火を打ち上げるので有名になった。

玄冶店《げんやだな》　江戸の地名で、現在の東京都中央区人形町の一部を指す。幕府医師の岡本玄冶の屋敷跡《やしきあと》で、芝居関係の者が多く住んでいた。

冷飯草履《ひやめしぞうり》　藁緒《わらお》（鼻緒《はなお》が藁《わら》のこと）のままの粗末《そまつ》な藁

草履。

葺屋町《ふきやちょう》、堺町《さかいちょう》

↓二丁町《にちょうまち》　現在の日本橋にあった、堺町と葺屋町を一緒にして呼んだ町名で、堺町には中村座、葺屋町には市《いち》村座《むらざ》があり、芝居町《しばいまち》として知られた。

わっち　私。一人称《いちにんしょう》で身分の低い男女が使用する。

鎌鼬《かまいたち》　体を物にぶつけても触《ふ》れてもいないのに、突然《とつぜん》皮膚《ひふ》が裂《さ》けて、鋭利《えいり》な鎌で切ったような切り傷《きず》ができる現象。

二朱《にしゅ》　一両の八分の一。一両を現在の十万円として換算すると、現在の約一万二千円。

一分《いちぶ》　一両の四分の一で、二朱の倍（一分＝四朱）。

かっぽれ　「カッポレカッポレ甘茶《あまちゃ》でカッポレ」という、囃子《はやし》言葉のある俗謡《ぞくよう》（庶民の間ではやった歌や民謡）に合わせて踊《おど》る滑稽《こっけい》な踊り。

湯治《とうじ》　温泉に入って、病気などを治療《ちりょう》すること。

草鞋銭《わらじせん》　草鞋を買うための金銭。転じて、その程度のわずかな旅費。少額の足代《あしだい》。

妾宅《しょうたく》　妾《めかけ》（前述）が住んでいる家。

しがない　とるにたりない。つまらない。

付け焼刃《やきば》　一時の間に合わせで身についていないこと。

千辛万苦《せんしんばんく》　辛《つら》いことや苦しいことを多々経験すること。

見越《みこ》**しの松**　塀《へい》の外から枝が見えるように塀ぎわに植えた松。

舟板塀《ふないたべい》　船に使われていた板でつくった塀。

無粋《ぶすい》　ここでは男女の間の気持ちを忖度《そんたく》できないことを指す。野暮《やぼ》。

雪駄《せった》　竹の皮の草履《ぞうり》の底に皮を貼《は》って耐水性《たいすいせい》や耐久《たいきゅう》性《せい》を高めた履物《はきもの》。

娑婆《しゃば》　自由に行動できないところ（ここでは島流しにされた佐渡島《さどがしま》）に対して自由に行動できる世間《せけん》を言う。

巷間《こうかん》　世間《せけん》のこと。

稲荷堀《とうかんぼり》　東京都中央区日本橋蛎殻町《かきがらちょう》と日本橋小網町《こあみちょう》の間にあった掘割《ほりわり》。そばに稲荷《いなり》神社があり、稲荷を「とうか」「とうかん」と読んだことから、そう呼ばれている。

太閤記より日吉丸の誕生と矢矧橋
（たいこうき／ひよしまるのたんじょう／やはぎばし）

講談
浪曲
歌舞伎
落語

歴史
親子
出世
才覚

●作品のポイント●

数多い講談（講釈）の中でも、江戸時代から現在にいたるまで広く知られた、人気の高い長編作品です。農民の息子として生まれ、武将《ぶしょう》となり、最後には太閤《たいこう》の位に就《つ》いたという秀吉ですが、その時々で見せる大胆不敵《だいたんふてき》な姿であったり、不撓不屈《ふとうふくつ》の闘志《とうし》であったり、他人には真似《まね》ることのできない豪快《ごうかい》な生き方。さらに、苦労や挫折《ざせつ》といったものも描《えが》かれ、秀吉亡《な》き後《あと》のラストには、一族に大坂落城《らくじょう》の悲劇が待っていたりと、秀吉ばかりでなく、豊臣家の栄枯盛衰《えいこせいすい》を描《えが》いた壮大なストーリーであり、単なる出世談《しゅっせだん》として終わっていない点が、人気の秘密《ひみつ》といえるのかも知れません。

ここで紹介するのは、そうした長い『太閤記』の中から、冒頭《ぼうとう》の部分である秀吉の誕生と、日吉丸と名乗っていたころの秀吉がどのように出世の足がかりを得たのか。そのあたりの物語を紹介します。

【本　題】

「人多き人の中にも人ぞなき、人となせ人、人となれ人」。

わが日本におきまして、身を匹夫《ひっぷ》より起こし、位人臣《くらいじんしん》を極《きわ》めましたのは秀吉一人でございます。秀吉が天下を掌握《しょうあく》して鎌倉へ参りましたとき、頼朝神社《よりともじんじゃ》へお詣《まい》りをして、頼朝の木像《もくぞう》の肩《かた》を叩《たた》き、

「昔から徒手空拳《としゅくうけん》で天下を取ったのは、足下《そっか》とわれのみ。天下の英雄はわれら二人だ」

と、こう言ったというお話がございます。

なるほど一文無しのからっけつで天下を取ったのは、この二人だけですが、頼朝公は元来が源《みなもと》家《け》の嫡《ちゃく》流《りゅう》。軍《いくさ》に負けて流人《るにん》になっていたとは言いながら、いわゆる古川《ふるかわ》に水絶《た》えずで、生き残った家来《けらい》が沢山《たくさん》ありました。おまけに頼朝の流された場所がいい。伊豆国《いずのくに》の蛭《ひる》ヶ小島《こじま》と来ております。東国《とうごく》は源氏累代《げんじるいだい》の土地。そこへ頼朝を流したのは、清盛一代《きよもりいちだい》の失策《しっさく》でございます。こういう事情で頼朝は表面はからっけつのようで、そこには立派《りっぱ》な地盤《じばん》がつくられている。

ところが秀吉ときては、これこそ真実《まこと》の裸一貫《はだかいっかん》。尾張国愛知郡《おわりのくにあいちごおり》中村の百姓《ひゃくしょう》の子と生まれて、七つ八つの幼いときから丁稚奉公《でっちぼうこう》に出され、それから故郷を飛び出して諸方を流浪《るろう》し、織田家《おだけ》へ仕《つか》えたときにも、草《ぞう》履《り》取り足軽《あしがる》と、こうした下賤《げせん》の身分から身を起こして、天下を一手《いって》に握《にぎ》ったのでございますから、頼朝よりもずっと役者が上でございます。信長《のぶなが》も偉《えら》かったが、はじめから尾張半国《おわりはんこく》という足場《あしば》がございました。家康《いえやす》も偉かったが、三河《みかわ》で五万石という土台《どだい》がございました。

秀吉は一石《いっこく》の土地もなければ、一人の家来《けらい》もない。その点から見ても、秀吉は日本一。全世界を通じて随一《ずいいち》の大人物と申してよかろうかと存じます。

尾張国愛知郡中村という農村、そこに弥助《やすけ》という百姓《ひゃくしょう》がございました。稼《かせ》ぐに追いつく貧乏《びんぼう》なしと言いますが、これは本当の水呑《みずの》み百姓なので、稼いでも稼いでも貧乏に追い越されてしまうという情けない境遇《きょうぐう》。妻のお千代《ちよ》との間に一人の女の子がありますが、これが七歳。あとがしばらくありません。ところがそのうちに妻が懐妊《かいにん》いたしまして、十月十日《とつきとおか》の月満ちますが、なかなか生まれる様子がない。今日か明日かと待っていると、あくる年の天文《てんもん》五年丙申《ひのえさる》の歳、しかも元日の寅《とら》の一点というから今の午前四時、にわかに産気《さんけ》づいてやすやすと産み落としたのが、お誂《あつら》え通りの男の子。玉のようにと言いたいが、お猿《さる》にそっくりな顔をしております。

「やれやれ、親父《おやじ》に似てもお袋《ふくろ》に似ても、ろくな顔じゃないから、それに似なくてもいいが、何も今年の干支《えと》に似るとは情けない……」

弥助はすっかり悲観してしまい、檀那寺《だんなでら》の和尚《おしょう》のところで愚痴《ぐち》をこぼします。

「いや、男の子は顔はどうであろうと、そんなことは心配はいらぬ。異相《いそう》の者にかえって出世《しゅっせ》したためしがいくらもある」

と和尚が見ると、これがなるほど、猿面異相《さるめんいそう》。

「弥助さん、この子の眼がまた変わっているな」

「いえ、顔が変わっておりますんで……」

「いや見なさい。黒目の中に二つずつ瞳《ひとみ》が並んでいるではないか」

「二つずつありますか。それは生まれぞこないの因果者《いんがもの》でしょう……」

「いやそうでない。昔、鎌倉の征夷大将軍《せいいたいしょうぐん》頼朝の弟義経《よしつね》が、この通り瞳が二つあったということだ。この子の相は唐土《もろこし》の漢の高祖《こうそ》の相に似ておる。漢の高祖は雌鶏《めんどり》に似て、束帯《そくたい》に身を固《かた》めたるときは、その面《おもて》、龍《りゅう》のごとしとある。この子の相はのちにおそらく、三公《さんこう》の貴《とうと》きにも昇《のぼ》るという相だ。よい子を持たれたな。これはめでたい」

「和尚様、三公というのはなんでございます」

「三公というのは、太政大臣《だじょうだいじん》、左大臣、右大臣で、天下にこれより上の位はない」

「ですが、水呑《みずの》み百姓の小倅《こせがれ》が、左大臣だの右大臣だのになれっこはありません」

「そうとは限らぬ。大切に育てなさい」

と、和尚がお七夜《しちや》に名づけてくれましたのが日吉丸《ひよしまる》。これが後に太政大臣関白《かんぱく》豊臣秀吉となりました大人物でございます。

その日吉丸は名前がよかったのか、大きくなるにつれ、腕白《わんぱく》過ぎて始末《しまつ》に負えない。そこで両親は、七歳のときに近くの村の光明寺《こうみょうじ》という寺へ頼《たの》んで、そこの徒弟《とてい》といたしましたが、日吉丸は親の小言《こごと》から逃《のが》られたのをよいことに、一層その腕白は募るばかりで、村の子どもを集めてはガキ大将となり、一日中、戦《いくさ》ごっこなどをして、飯時《めしどき》と寝《ね》るとき以外は寺に寄り付きません。

「お前のような乱暴《らんぼう》な弟子《でし》を取ったことはない。これから寺をあけて遊び歩くと飯を食わせぬぞ」

「どうもすみません。明日からは決して寺の外へ出ませんから、どうぞ堪忍《かんにん》してください」

と、しおらしく詫《わ》びますから、少しは効《き》き目《め》があったかと思っておりますと、今度は子どもらを境内《けいだい》へ呼び集め、庭や本堂を駆《か》け回っては、花を踏《ふ》むやら木を折るやら、はては経巻《きょうかん》や仏像《ぶつぞう》まで壊《こわ》すという暴《あば》れよう。これにはさすがに和尚《おしょう》も仰天《ぎょうてん》し、日吉丸を弥助のところへ戻《もど》してしまいます。

「やれやれ困った」

と、弥助は今度は日吉丸を商家《しょうか》へと奉公《ほうこう》へやりますが、これまたひと月経《た》たぬうちに追い出されてきます。それからまた丁稚奉公《でっちぼうこう》に出しますが、どこへ行っても一年と辛抱《しんぼう》ができない。長くて半年、早いときは二日目には逃《に》げ出してきたり、追い出されたりして、十二歳までの間に三十八軒《けん》歩き回ったというのだから驚《おどろ》きます。

弥助はわが子ながら……と愛想《あいそ》を尽《つ》かして、どうにでもなれと匙《さじ》を投げてしまいますと、日吉丸は十三歳のときにプイと家を出たきりいなくなってしまいます。

無一文《むいちもん》で飛び出した日吉丸が、人の情《なさけ》にすがって、そこかしことさ迷《まよ》い歩き、廻《まわ》りまわってきたのは三河《みかわの》国《くに》の矢矧川《やはぎがわ》。日が暮《く》れてまいりますが、宿をとるにも路用《ろよう》はなし。その夜は空腹《くうふく》を抱《かか》えながら、矢矧橋《やはぎばし》の上で菰《こも》にくるまって寝《ね》てしまいます。

折柄《おりがら》そこへ通りかかったのは、尾張国海東郡蜂須賀村《おわりのくにかいとうごおりはちすかむら》の郷士蜂須賀彦右衛門正利《ごうしはちすかひこえもんまさとし》とその子小六正勝《ころくまさかつ》。これは戦国時代には諸方にあった山賊野武士《さんぞくのぶし》の首領《しゅりょう》で、手下《てした》が二千人もあるという大層《たいそう》な大頭目《だいとうもく》です。これが大勢《おおぜい》の手下を引き連《つ》れて、今、矢矧《やはぎ》の橋へ差し掛《か》かりましたが、この夜中に橋の真ん中に小僧《こぞう》が一人、前

後を知らず寝入っているとは気づこうはずがない。歩くはずみに小六正勝、その小僧の頭に蹴躓《けつまず》いたものだから、

「待てッ！」

そのまま行き過ぎようとする小六の引っ提げて行く槍《やり》の柄《え》を、日吉丸はむんずと押さえて声をかけます。

「なんだ小僧」

「いかにも俺《おれ》は小僧だが、貴様《きさま》は何者だ。他人《ひと》の頭を足蹴《あしげ》にして、黙《だま》って行くという法があるか。名を名乗って謝《あやま》っていけ！」

「なかなか強いことを言う小僧だ」

さすがの野武士も、その肝《きも》っ玉《たま》には驚《おどろ》きます。

「それは気づかなかった。拙者《せっしゃ》が悪かった、許してくれ」

「そう詫《わ》びるなら、許して差し上げます」

槍の柄を放して、またゴロリと橋の上へ寝《ね》ようとするから、小六がそれを止めて、

「待て、小僧。貴様は度胸《どきょう》がいいな。幾《いく》つになる」

「十三だ」

「家はないのか」

「あるけれど、家は水呑《みずの》み百姓《びゃくしょう》で貧乏《びんぼう》だから、それが気の毒《どく》で飛び出してきてしまったんだ」

「名は何と言うのだ」

「日吉丸って言うんだ」

「名前は立派《りっぱ》だが、面《つら》がまずいな。毎日、何をしているのだ」

「往来《おうらい》の旅人に頼《たの》んで荷物《にもつ》を持たせてもらい、その駄賃《だちん》をもらって食っている」

「そうか。図太《ずふと》くて面白《おもしろ》そうな奴《やつ》だ。どうだ、わしの家来《けらい》にならぬか。出世《しゅっせ》をさせてやるぞ」

「お前さんは誰《だれ》なんだい」

「野武士《のぶし》だ」

「なんだ、泥《どろ》ちゃんかい」

「泥ちゃんという奴《やつ》があるか」

「それでも野武士といったら、強盗《ごうとう》でもするんだろう」

「口の減《へ》らない小僧だな。ともかく手下《てした》になるか」

「なりましょう」

野武士といえば、物品を略奪《りゃくだつ》する者も多くおりましたが、なかには出世をしたものがあります。この小六正勝なども、のちに豊臣取立ての大名《だいみょう》となって、阿波国《あわのくに》の国守《こくしゅ》にまで登りつめます。

「日吉、貴様は拙者の手下になったのだ。これから一同はこの近くの豪家《ごうか》へ押し入るのだが、貴様も手始めに手柄《てがら》を立ててみろ」

「承知しました」

小六の一隊は目星《めぼし》をつけてある豪家の門口《かどぐち》まで来ると、手下の者が大槌《かけや》を振《ふ》るって扉《とびら》を破ろうとします

が、日吉丸はそれを押さえて、

「待ちな。そんなことをすると、家の者が起きて用心をするから、取れるものも取れなくなる」

「じゃあ小僧、どうすればいいんだ」

「待っていな、俺《おれ》がうまくやって見せましょう」

家のそばにあった柿《かき》の大木を目に付けた日吉丸は、するするとそれへ登ってしまいます。もっとも猿《さる》が柿の木へ登るのは上手《じょうず》なはず。大きな柿の木ですから、枝《えだ》が伸びて塀《へい》の中にまで張っています。その枝を伝わって塀の内に降りた日吉丸は、内側から門の扉をさっと開けます。

「小僧、猿面《さるづら》だけに木登りが上手だな。なかなか知恵《ちえ》もあるようだ。毛が三本足りないとは思えない」

「馬鹿《ばか》にするな。お前たちの方がよっぽど俺より毛が足りないんだ」

蜂須賀の一群は思いのままに金銀財宝《きんぎんざいほう》を略奪《りゃくだつ》して、潮時《しおどき》を見て引き上げていきますが、今夜が初仕事の日吉丸はウロウロとしていて逃《に》げそこなってしまいます。家の者もそれに気づき、やれ、ぶん殴《なぐ》れ、やれ、捕《つか》まえろと騒《さわ》ぎ始めますので、「これはまずい」と思った日吉丸は、そばに井戸があるのを見つけて、庭にあった一抱《ひとかか》えはある石を抱《だ》き上げ、井戸の中へドブンと投げ入れるとともに、キャッという悲鳴《ひめい》を上げる。

「それ、強盗《ごうとう》が井戸へ落っこちた」

「早く行って見てみろ」

家人が井戸の方へ駆《か》けてくる隙《すき》をうかがって、日吉丸は表へ逃げ出してしまいます。あとでこのことを聞いた蜂須賀親子はその機知《きち》に驚《おどろ》きます。

それから蜂須賀の家に伴《ともな》われて、しばらく厄介《やっかい》になっておりますと、あるとき、小六が、

「日吉」

「はい」

「わしの腰に差しているこの刀、これは青江下坂《あおえしもさか》という折紙《おりがみ》つきの業物《わざもの》だ。その方はこれを今日から三日の間に盗《ぬす》んでみろ。首尾《しゅび》よくできたら、褒美《ほうび》としてこの刀を遣《つか》わそう」

物を盗《と》るのが商売の野武士の、その腰《こし》の物を盗めというのですから、これはなかなかの難物《なんぶつ》。言われた日吉丸はにっこりと笑って、

「それではいただきます。ありがとうございます」

「まだ礼を言うには早い。うまく盗《ぬす》んだらやろうと言うのだ」

「だからお礼を言っているんです。もうもらったも同然《どうぜん》ですから」

「大きなことを言うな」

その晩から小六は眠《ねむ》らぬように用心をしていますが、その晩はやって来ない。次の晩も日吉丸は来ない。いよいよ三日目の晩となります。

「今日で約束の日が切れる。今夜は来るに違《ちが》いない。どういうふうに来るだろう」

手ぐすね引いて待っておりますと、丁度《ちょうど》、雨がしとしとと降《ふ》り出してきました。

「や、雨だな」

夜の九ツになり、ピシャピシャという足音と、笠《かさ》へ雨の当たる音がザアザアと響《ひび》いてきた。

「やって来たな」

待ち構えておりますが、笠へ当たる雨の音は軒下《のきした》で止まったまま、いつまで経《た》ってもそのままです。

「拙者《せっしゃ》の寝息《ねいき》をうかがっていると見える。眠ったら忍《しの》び入ろうというのだな。眠ってたまるものか」

青江下坂の刀を杖《つえ》に、目を光らせて戸の方を睨《にら》んでおりますが、笠の上に落ちる雨音は同じで、忍び込《こ》んでくる様子《ようす》がまったくありません。

「いかにあの小僧でも、こう頑張《がんば》っていては忍び込《こ》めまい。一晩中雨に打たれて、さぞ寒かろう」

小六がにやついているうちに、突《つ》き出す遠寺《えんじ》の鐘《かね》は七ツ、今でいう朝の四時。

「もう夜が明けるのだな」

と思うと、一晩まんじりともしなかった小六は、昨日も一昨日も碌々《ろくろく》寝ていない疲《つか》れも加わって、もう大丈夫《だいじょうぶ》だろうと気が緩《ゆる》んだのか、そのままそこで寝込《ねこ》んでしまいます。しかし、心《しん》から寝たという訳ではありませんから、やがてハッと思って目を覚《さ》ましますと、

「おお、眠ったと見える」

急いであたりを見回すと、そこには青江下坂の刀の影《かげ》も形もありません。

「しまったっ」

と飛び起きて雨戸を開けてみると、軒下《のきした》に笠が捨《す》ててあり、それへ雨がザアザアと降り注いでおります。

「一杯食った。この雨の音に気を取らせておいて、一晩中気を疲れさせ、疲れて眠ったわずかの間に盗み去ったと見える。なんという素早《すばや》い小僧だろう」

さすがの小六も舌《した》を巻《ま》いて驚《おどろ》きました。

かくて日吉丸はしばらく蜂須賀家に厄介《やっかい》になっていましたが、山賊や野武士などになる気は毛頭《もうとう》ございませんから、程《ほど》なくこの家を去って、駿遠参《すんえんさん》の太守《たいしゅ》今川治部太輔義元《いまがわじぶだゆうよしもと》の家臣《かしん》、軍学指南役《ぐんがくしなんやく》の松下嘉平次之綱《まつしたかへいじゆきつな》のもとへ若党奉公《わかとうぼうこう》に住み込み、木下藤吉郎《きのしたとうきちろう》と名乗り、主人之綱に従って初陣《ういじん》の功名《こうみょう》を挙げる訳でございます。

長い「太閤記」のうち、『日吉丸の誕生』と『矢矧橋』の抜《ぬ》き読みでございます。

●作品の背景●

太閤という位にまで昇《のぼ》りつめた豊臣秀吉の生涯《しょうがい》をメインに描《えが》いた物語が、この『太閤記』です。他にも秀吉の生涯を描いた作品はありますが、儒学者《じゅがくしゃ》であった小瀬甫庵《おぜほあん》（永禄七年（一五六四）〜寛永十七年（一六四〇））による『太閤記』が有名です。

古典芸能の中では、講談、特に上方《かみがた》講談でよく演じられる演目で、江戸時代から読まれている作品です。ただしあくまでも伝記のスタイルを取っていることから、フィクションも多く含まれており、話の間に演者の考えであったり、各々《おのおの》の解釈を挟《はさ》みながら物語を膨《ふく》らませていることで、話としての面白《おもしろ》さを生み出していくわけです。

現在でも、この話を得意にした旭堂南陵《きょくどうなんりょう》の芸譜《げいふ》を継《つ》ぐ上方講談師が高座で読んでいます。

ちなみに、これが落語になると、秀吉が自分の顔にそっくりという猿《さる》を飼《か》い、家来たちにいたずらをさせるという『太閤の猿』といった滑稽味《こっけいみ》あふれる内容で演じられます。

知っておきたい用語集

太閤《たいこう》　関白《かんぱく》（成人の天皇を助けて政治を行う官職）に任じられた者の子息が関白になったときに、その父である前関白を呼ぶ称号。豊臣秀吉は甥《おい》の豊臣秀次《ひでつぐ》に関白の位を譲《ゆず》り、太閤と称した。

不撓不屈《ふとうふくつ》　どんなに辛《つら》いことや困難にあってもくじけないこと。

匹夫《ひっぷ》　身分の賤《いや》しい者。

人臣《じんしん》　君主に仕える身分の人。臣下。家来《けらい》。

徒手空拳《としゅくうけん》　手に何も持たないこと。資金や地位など頼《たよ》るものがなく、自分の身一つであること。

嫡流《ちゃくりゅう》　家督《かとく》（相続するその家の地位・財産・事業など）を受け伝えていく家柄《いえがら》。正統《せいとう》の血筋。

流人《るにん》　江戸時代の刑罰《けいばつ》の一つ。島流し（島に追放）にされた罪人《ざいにん》。

古川《ふるかわ》**に水絶**《た》**えず**　旧家《きゅうか》（由緒《ゆいしょ》ある家柄《いえがら》）は衰《おとろ》えてもたやすくはつぶれないということのたとえ。また、基盤がしっかりしているものは、衰えてもたやすく滅《ほろ》びないことのたとえ。

蛭ヶ小島《ひるがこじま》　静岡県東部、伊豆半島の狩野川《かのがわ》の中流域にある旧跡。現在の伊豆の国市にある。平治《へいじ》の乱（一一五九）ののち源頼朝《みなもとのよりとも》が幽閉《ゆうへい》された地として知られる。地名は狩野川とその支流に挟《はさ》まれた低湿地《ていしっち》の中にあり、小高い小島のような土地であることに由来する。

水《みず》**呑**《の》**み百姓**《びゃくしょう》　江戸時代に自分の田畑を持たず、検地帳（土地台帳）に登録されない小作や日雇いなどの下層農民。貧しい農民。

十月十日《とつきとおか》　俗に胎児《たいじ》が母の胎内《たいない》にいる期間。

天文《てんもん》**五年**　西暦一五三六年。

丙申《ひのえさる》　（へいしんとも読む）　十干《じっかん》（十二支と組み合わせて年や日を表すもので、甲・乙・丙など十あり、十二支との組合せで六十種類となって、これを干支《えと》という）と十二支《じゅうにし》とを組み合わせたものの第三十三番目。天文五年（一五三六）が丙申の歳にあたる。

寅《とら》**の一点**　現在の午前四時。

檀那寺《だんなでら》　その家が檀家《だんか》（代々供養《くよう》や法要《ほうよう》をしてもらっている寺院を菩提寺といい、その寺をサポートしている家）になっている寺。菩提寺《ぼだいじ》。

異相《いそう》　普通《ふつう》とは様子《ようす》や姿、人相《にんそう》などが異なっていること。また、そのさま。優れてよい場合にも、逆に悪い場合にもいう。

因果者《いんがもの》　悪業《あくごう》の報《むく》いを受ける者。

高祖《こうそ》　ここでは、中国で王朝を始めた最初の天子のことで、漢の高祖劉邦《りゅうほう》や唐の高祖李淵《りえん》などを指す。

束帯《そくたい》　平安時代以降、男子が参内《さんだい》（宮中に参上すること）する際に着用した正式の服装。

矢矧川《やはぎがわ》　愛知県中央部を南流する川。木曾山脈の阿《あずま》岳《だけ》付近に発し、碧南市《へきなんし》南端で知多湾《ちたわん》に注ぐ。矢萩川。

矢矧橋《やはぎばし》　愛知県岡崎市を流れる矢矧川（矢作川）に架《か》かる橋で、橋上を東海道（現在の国道一号）が走っている。古くから交通の要衝《ようしょう》（重要な地点）であった。

大頭目《だいとうもく》

→頭目《とうもく》　かしら。首領《しゅりょう》。

野武士《のぶし》　ここでは、南北朝や室町時代にあった農民の武装《ぶそう》集団。山野に潜伏《せんぷく》し、物資を略奪《りゃくだつ》し、戦闘《せんとう》にも参加した。戦国時代に大名などが徴発《ちょうはつ》（強制的に呼び集めること）し、戦闘に参加させた者をもいう。野伏。

大槌《かけや》

→掛《か》**け矢**　樫《かし》などでつくった大形の木槌《きづち》。杭《くい》などを打ち込《こ》むときや、物を打ち壊《こわ》したりするのに用いる。

毛が三本足りない

→猿《さる》**は人間に毛が三筋**《みすじ》**足らぬ**　猿は非常《ひじょう》に利口《りこう》で人間に最も近い動物だが、人間に及ばないのは毛が三本足りないからだということ。「猿は人間に毛が三本足らぬ」ともいう。

青江下坂《あおえしもさか》　備中国《びっちゅうのくに》（岡山県西部）青江およびその付近でつくられた刀。

折紙《おりがみ》**つき**　鑑定保証書《かんていほしょうしょ》がついていること。そのものの価値や資格などに定評《ていひょう》のあること。保証ができること。

業物《わざもの》　名工の鍛《きた》えた切れ味の優れた刀。名刀《めいとう》。

遠寺《えんじ》**の鐘**《かね》　遠くの寺から聞こえてくる鐘の音。

九ツ　現在の午前十二時ごろ。

駿遠参《すんえんさん》　駿河国《するがのくに》、遠江国《とおとうみのくに》、三河国《みかわのくに》の三国。現在の静岡県と愛知県の一部を指す。

若党《わかとう》　年若い従者《じゅうしゃ》。若い従僕《じゅうぼく》。

談曲
講浪

寛永三馬術より出世の春駒
(かんえいさんばじゅつ／しゅっせのはるごま)

●作品のポイント●

曲垣平九郎《まがきへいくろう》という馬術《ばじゅつ》の達人《たつじん》が活躍《かつやく》する、有名な武芸《ぶげい》物の講談の一席《いっせき》です。誰《だれ》もが成し遂《と》げられなかったことを成功させるといったストーリーなので、お正月をはじめとした縁起《えんぎ》の良い季節などに演じられることの多い作品です。

ここで紹介《しょうかい》する話は、演者によって『出世《しゅっせ》の春駒《はるごま》』という演題の他、『愛宕山梅花《あたごやまばいか》の誉《ほま》れ』、『出世の階段《かいだん》』などといった題で演じられることもあります。

武士のやり取りが中心になるだけに、難《むずか》しい言葉も使われていますが、将軍を前にかしこまって事に臨《のぞ》む平九郎の様子と、急坂《きゅうさか》を相手にした馬との滑稽《こっけい》な掛《か》け合いの両方を楽しみながら、名人と上手《じょうず》の違いといったものを味わいつつ知り得てみて下さい。

歴史
出世
才覚
名人

【本　題】

寛永十一年正月二十八日。二代将軍台徳院殿秀忠《だいとくいんでんひでただ》公のご命日《めいにち》。

現将軍徳川家光《とくがわいえみつ》は墓参《ぼさん》のお触出《ふれだ》し、お供《とも》の大名は三十六頭、前供後供《さきともあととも》、粛々《しゅくしゅく》と千代田のお城をお立ち出《い》でにならせます。

やがて芝三縁山広度院増上寺《しばさんえんざんこうどいんぞうじょうじ》へご到着《とうちゃく》。大導師《だいどうし》のご先導《せんどう》にて本堂にご着座《ちゃくざ》。数百名の僧侶《そうりょ》が両側に居《い》並んで読経《どきょう》にかかり、厳《おごそ》かなる法要《ほうよう》が営《いとな》まれました。

滞《とどこお》りなくご法要が相《あい》済み、行きはお駕籠《かご》にて成《な》らせられましたが、ご帰還《きかん》の際は馬を曳《ひ》けとの上意《じょうい》。一頭の愛馬《あいば》を曳いてまいりますと、家光公《いえみつこう》は悠々《ゆうゆう》と馬上《ばじょう》にまたがり、お気に入りの旗本《はたもと》十六騎《き》、いずれも優《すぐ》れたる馬にまたがり前後を固め、御成門《おなりもん》をお出になり、愛宕山円福寺《あたごさんえんぷくじ》の下《した》へ差し掛《かか》ってまいりました。

折しも山上《さんじょう》から吹き下《お》ろす風は、肌をも刺《さ》すような寒さでございますが、馥郁《ふくいく》たる梅花《ばいか》の香りが、将軍家の鼻を貫《つらぬ》きました。思わず家光公、馬足《ばそく》を停《と》められて山上を仰《あお》ぎ見れば、南に面した山の中途《ちゅうと》から頂上へ掛《か》けて、源平《げんぺい》の梅花は得《え》もいわれぬ風情《ふぜい》で、暫《しば》らく見惚《みほ》れておられます。

「見事なものじゃ。よう咲いたのォ。誰《だれ》ぞある、参れ！」

とのご沙汰《さた》に、松平紋太郎《まつだいらもんたろう》、青木清太夫《あおきせいだゆう》が馬からひらりと飛び降りまして、御前《ごぜん》へ参ります。

「何かご用にございますか」

「紋太郎、清太夫、あれを見よ。良い梅じゃ、ひと枝手折《たお》れ。城中《じょうちゅう》の土産《いえづと》にいたすぞ」

「ハッ、委細承知《いさいしょうち》いたしました」

と両人、袴《はかま》の股立《ももだち》ちを取って、バラバラッと駆《か》けていこうといたしますと、

「ああ、待て、待て、待て、待て、暫《しば》らく待て。その方《ほう》どもは何で供《とも》をいたしたのだ」

「騎馬《きば》にて御供《おとも》仕《つかまつ》りました」

「騎馬で供いたしたなら、騎馬で乗れ！」

「はっ？」

「騎馬で乗り上がれ！」

「はっ……」

と言ったが、紋太郎、清太夫、思わず顔を見合せ、目と目はピッタリ合ったが、口には言わねど、

「これは偉《えら》いことになったな。武士《さむらい》たるべきもの、戦場へ出て討死《うちじに》は覚悟《かくご》だが、坂から落死《らくし》には心細い。どうしよう……」

「どうしようといって、命あっての物種《ものだね》、畑あっての芋種《いもだね》ということを申すが、何分にもこれは命《いのち》賭《が》けだ、ひとつここはごまかして逃《に》げよう」

と仮病《けびょう》を使って、その場を立ち去ります。

「病気とあらば仕方がない。それならば誰であっても苦しうない。早うこの坂を乗り上がれ！」

言われた者たちは、みな下を向いたまま、誰も返事をいたしません。上を向いた途端《とたん》に「お前が行け！」と言われたら一大事でございますから、じっと下を見つめております。

将軍はいささか不機嫌《ふきげん》のご様子《ようす》で、

「これしきの坂を乗り上がる者はいないのか。徳川は三代にして武《ぶ》は地に落ちたるか。過ぎし昔、近江の湖《おうみのみずうみ》を馬で渡《わた》りし明智左馬之助《あけちさまのすけ》はおらざるか。宇治川《うじがわ》に先陣《せんじん》を競《きそ》うた佐々木梶原《かじわら》はいかに。言い甲斐《かい》なき者どもかな、よい！　その儀《ぎ》ならば予《よ》が乗って見せる」

と言うと、諸角蹴《もろがくけ》込み、馬をあおって円福寺の門内へ乗り入れましたから、居《い》並ぶご家来《けらい》はびっくり仰天《ぎょうてん》。「上様《うえさま》が危《あぶ》ない」と声を掛《か》けますが、近付いて止めることもできず、どうしたものかといずれも手に汗《あせ》握《にぎ》って見ているうちに、早や石段《いしだん》の下まで乗り進めたる家光公。山上を仰《あお》ぎ見たときには、さすがに驚《おどろ》きました。遠くで見たときにはさほどとも思われませんでしたが、そばへ寄って見ると、屏風《びょうぶ》を立てたような石段《いしだん》でございます。

「なるほど、これは嫌《いや》がるのも無理はない。予も腹が痛くなってきた……」

と思《おぼ》し召《め》しましたが、いまさらあとへ引くことはできません。

「止めるなよ……、止めてはならぬぞ……」

とおっしゃったが、誰も止める者はおりません。

さすがの将軍家も心細くなって来たと見えて、

「止めるなよ……、止めてはならぬぞ……」

止めろと言わぬばかりのお言葉。

これを見ておりましたご家来方《けらいがた》が、

「伊豆殿《いずどの》、上様、大分お困りのご様子《ようす》、お止めなされてはいかがか?」

すると伊豆守《いずのかみ》がニッコリ笑って、

「お捨て置き下さい。近頃、上様、ちとお我儘《わがまま》が過ぎる。こういうときに油を取りましょう」

とひどい所で将軍家は油をしぼられるものです。

もうこのへんでよかろうというときに、伊豆守がバラバラッとわざとらしく駆《か》け付けてまいり、馬の轡《くつわ》を押さえ、

「こは上様には何事を遊ばしまするか。君《きみ》は淳和奨学両院《じゅんなしょうがく》の別当《べっとう》、源氏《げんじ》の長者征夷大将軍《ちょうじゃせいいたいしょうぐん》という御大切《ごたいせつ》なる御身《おんみ》をもって、万一御身に怪我過《けがあやま》ちにてもござりますれば、おそれ多くも一天万乗《いってんばんじょう》の君に対し、何と申し開きを遊ばすと思し召《おぼめ》す。数多《あまた》の大名、馬乗りを養《やしな》い置くは、何のためでござるか。かかるときの御役《おやく》に立てんがために候《そうら》わずや。まず、まずお留《とど》まり遊ばせ」

と轡《くつわ》を取られて止められます。

そこで改めて松平伊豆守殿から、諸家《しょけ》において馬術心得《こころえ》の者を差し出《い》だし、この石段を乗り上り、山上の梅花一枝《ばいかひとえだ》、折り取るよう命じたところ、三名の者が出てまいりました。

ところが、みな七合目《ななごうめ》まで登ったところで、馬がピタリと止まってしまいます。そこで馬へ鞭《むち》を入れたところ、馬は驚《おどろ》いてヒヒーンと嘶《な》き、棹立《さおだ》ちになる。「あ! あれ、あれ!」と言う間があればこそ、そのまま人馬《じんば》もろとも折り重なって転《ころ》げ落ち、そのまま命を落としてしまいます。

人を三人、馬を三頭失ったときに、さすがに将軍家がただ唖然《あぜん》として言葉がなく、怨《うら》めし気《げ》に山上を見つ

めておられます。

そのとき、松平伊豆守、御前《ごぜん》へ進み出で、

「恐《おそ》れながら上様に申し上げます」

「何じゃ、伊豆」

「はや、日も西山《せいざん》に傾《かたむ》きましたれば、還御《かんぎょ》あらせられまするよう、火燈《ひともし》にもなれば、御城中《ごじょうちゅう》の混雑もいかがと存ぜられます。梅花折り取りの儀《ぎ》は追ってご沙汰《さた》遊ばされ、ひとまず今日《こんにち》は還御あらせられて然《しか》るべきかと存じます」

不満ではあるが、このままであれば、この先何人死ぬかわかりませんから、

「うむ、不甲斐《ふがい》ない奴《やつ》らじゃ、追って沙汰に及ぶぞ」

上様の御意《ぎょい》の変わらぬうちにと、扇面《せんめん》をサッと開いて、

「還御、還御、かーんぎょーッ」

居並ぶ諸士《しょし》たちはこれを聞いて、

「よかった、わしの家来は助かった」

「わしの家来も命拾いをして何より」

と喜んだのは、主従《しゅじゅう》の情としてもっともなこと。

将軍家光公は床机《しょうぎ》を離れ、馬上の人となられ、さも怨《うら》めし気に愛宕《あたご》の山上を見上げつ、パッ、パッ、パッとお進みになる。

このとき、後ろにあって、天地に轟《とどろ》く声を上げ、

「ややあ、上様御上意《ごじょうい》たる梅花折り取りの役、相勤《あいつと》めたく存じますれば、御行列《おぎょうれつ》しばらく、しばらくーッ」

と呼ばわる者がある。それが家光公の耳に入ったか、

「伊豆、伊豆！」

「ハハッ」

「梅花折り取りの役、勤めたいと願い出《い》でし者があるではないか。今一人ぐらいよかろう」

「ハハッ、行列を止めし者をこれへ」

松平伊豆守の前に進み出《い》でし一人の武士。年は三十四、五。上背《うわぜい》のある、色浅黒《あさぐろ》く、眼鋭《まなこするど》く、口元締《くちもとし》まり、凛《りん》として一見識《いちけんしき》ある人物。

「梅花折り取りの役、勤めたしと願い出《い》でたのはその方《ほう》か。何人《なんびと》の家臣《かしん》であられるか」

「ハハッ、四国丸亀《まるがめ》の城主生駒雅楽頭《いこまうたのかみ》の家臣、曲垣平九郎盛澄《まがきへいくろうもりずみ》と申す者にございます」

かねて噂《うわさ》に聞く曲垣平九郎とはこの者かと伊豆守は思った。

「上様の上意、汚《けが》さぬよう、心して乗れ」

「へ、へへッ！」

平九郎会釈《えしゃく》をして伊豆守の前を下《さ》がると、生駒雅楽頭の行列の中へ入りまして、ややあって馬上の人となって悠然《ゆうぜん》と姿を現します。

「それ、乗り出したぞ！」

と一同が平九郎に眼をつけると驚《おどろ》いた。乗ったる馬はキリギリスの如《ごと》く、バッタの如く骨と皮ばかりに痩《や》せている。加えて左の足が調子が少し悪い、ひどい馬。ポッポコ、ポッポコ、ヒョコタン、ヒョコタンと片足の調子が悪いから変な形。将軍家御前《ごぜん》へ馬を進めました平九郎、片鐙《かたあぶみ》を払《はら》い、鞍《くら》の山形《やまがた》に両手を突《つ》いて、

「ハッ、へへーッ」

これをご覧《らん》になった将軍家が、

「伊豆、汚《きた》ない馬じゃな……」

いくら将軍家でも馬の汚ないぐらいはわかります。こうなりますと、もう何という名前だなどというお尋《たず》ねはございません。

「早う上がれ……」

というお言葉がせめてもの引導《いんどう》代わり。やがて御前を下《さ》がった曲垣平九郎、ポッポコ、ポッポコ、ヒョコタン、ヒョコタンしながら、石段の下《した》まで来ますと、馬を止めて、坂の上をジーッと眺《なが》めております。暫《しば》らく見ていたかと思うと、馬をグルリと向き返して、ポッポコ、ヒョコタンと帰ってきましたから、

「あの男、降参《こうさん》をして来ましたよ。遠くで見たのとは違《ちが》って、そばへ行くとあの通りの急な坂だから、驚《おどろ》いたに違いござらぬ」

と噂《うわさ》をしながら見ております。

するとまたグルリと向き返っては、坂の下へ行って山上をしげしげと見つめております。

ところがこれが即《すなわ》ち名人の心でございます。名人と上手《じょうず》は天地ほどの差があるものでございます。馬に乗る名人となりますと、おのれが乗るのではない、馬が乗るのだという考え。上手の方は、俺《おれ》は馬に乗ることが上手である、馬を御《ぎょ》することが巧《うま》いのであるという考えばかり強くなって、馬のことを忘れるがために失敗をするわけでございます。平九郎は自分が乗るのでない、馬に上がらせようというのですから、よく馬に納得をさせる。馬は口こそ利《き》かないが、人間の言うことをよく聞く、素直な動物でございます。よって坂の上をしきりに見せている。

「どうだ馬公《うまこう》、この坂を乗り上げるのだぞ、ひと奮発《ふんぱつ》やるか」

「どうも旦那《だんな》、この坂を上がるのは無理です。第一、神経痛《しんけいつう》で左の足を悪くしておりますから、これはご免《めん》こうむりましょう」

「そんな弱音《よわね》を吐《は》くなよ。人は一代、名は末代《まつだい》、人は死して名を残し、虎《とら》は死して皮を残す。馬は死んで太《たい》鼓《こ》になると言うぞ。どうだ、太鼓にならぬか?」

「太鼓なんて、嫌《いや》ですよ」

「まあ考えてみろよ」

またしてもポッポコ、ヒョコタンと引き返してくるのは馬に考えさせている訳で、二、三回繰り返して、また石段の下へやって来ます。

「どうだ、やる気になったか?」

「嫌《いや》ですよォ」

これをまた五回、六回と繰り返すと、

「旦那、どのあたりまで行けるかわかりませんが、行けるところまで行ってみましょうか?」

「おお、やってくれるか! よし、ハーイ、ハッ、ハイ、ハッ、ハイ!」

パッ、パッ、パッ、パッ、パッ、パッ、パッと輪乗《わの》りを掛《か》けはじめましたから、

「あれあれ、輪乗りを掛けたぞ。さてはあの馬で石段を登ると見える。大胆不敵《だいたんふてき》のものよ」

と、一同見ておりますと、かの馬、前足の調子が悪いのが、平九郎がしばらく乗り廻しているうちに、調子が付くと足並《あしな》みが揃《そろ》って来た。

「あれあれ、不思議《ふしぎ》のことのあるものよ」

と言ううちに、

「ハイ、コリヤ、ハイヨーッ……」

一鞭《いちべん》加えて、諸角蹴《もろがくけ》込むと、パッ、パッ、パッ、パッ、パッ、パッと坂を乗り上がってまいります。

「それ、乗ったぞ、登るぞ」

と言っているうちに、七合目へ来てピタリと馬が止まった。

「あっ! 止まりましたよ。あそこへ行くと馬が止まるというのは、どういうものだろう」

「仕方がありません。あそこには先に登って失敗をした三人の幽霊《ゆうれい》が……。気の毒ですな。もう進むことはできますまい。お題目《だいもく》お題目、妙法蓮華経《みょうほうれんげきょう》、南無《なむ》妙法蓮華経」

と、題目を唱《とな》える者もある。

平九郎は馬がピタッと止まると、

「ドーッ、ドーッ。どうした、馬公」

「へえ、旦那、ここまでだって一生懸命《いっしょうけんめい》で、とてもこの先、駄目《だめ》でござんす」

平九郎が馬の様子《ようす》を見ますと、綿のような泡《あわ》を吹き、全身ビッショリの汗《あせ》。心臓の鼓動《こどう》は激しく、腹は波を打っている。馬は耳へ汗の入るのを嫌がりますから、しきりにブルブルッと耳を振っております。平九郎は懐《ふところ》から手拭《てぬぐ》いを取り出すと、その手拭で耳へ入ろうとする汗を拭き取ってやり、どのあたりまで登って来たかと下を見ると断崖絶壁《だんがいぜっぺき》。今までやり損《そこ》なった人は、下を見て眼がグラグラとくらみ、恐怖《きょうふ》の念に襲《おそ》われて、やり損《そこ》なっては大変という一心で鞭《むち》を入れ、失敗したのでございます。それが名人となると技量《ぎりょう》ばかりでなく、精神の修養《しゅうよう》が違《ちが》っておりますから、こういう危険に際しても動ずるところがない。

「おお、将軍の御威勢《ごいせい》は大したものだ。どうだ、この長蛇《ちょうだ》を成している行列、実に立派《りっぱ》なものである。ううむ、左に見ゆるは安房上総《あわかずさ》、前は渺々《びょうびょう》たる青海原《あおうなばら》、沖《おき》のあたりに真帆片帆《まほかたほ》、はて、うららかな眺《なが》めじゃなあ」

かくの如《ごと》くにしていると、馬の心臓の鼓動《こどう》が鎮《しず》まってまいります。ブーッ、ブーッと激しく鼻から吹いていたのが、段々息を大きくつくようになった。

「さあ、馬公、ここは窮屈《きゅうくつ》だろう。ほら、上を見てみろ。あそこは平らだろう。こんな坂の窮屈な所で苦しい思いをしていなくても、平な所へ行って、楽をしたらどうだ」

「旦那、どこですか？　ああ、あそこまで行けば、楽ができそうですな」

平九郎は馬にそう思わせると、

「ハイッ、ハイッ！」

と、わずかに乗り立てるから、馬も歩く気になって、パッ、パッ、パッと斜《なな》めに上がっていきます。

「ドーヨ、ドーヨ」

と手綱《たづな》を右に取り、臆病《おくびょう》な馬に急な坂を見せて、驚いて棹立《さおだ》ちにさせたら大変ですから、手で谷側の眼を隠しながら段々と上がっていく。もう五、六段という所まで乗り上がって来ますと、曲垣が鞭を入れて、一気に山上へ駆《か》け上がりました。

これをご覧になっていた将軍家や供《とも》の者たちが、

「やった！　やったぞ！　ワーッ！」

と拍手喝采《はくしゅかっさい》。ドッと上がる鬨《とき》の声は、天地乾坤《てんちけんこん》も覆《おお》えるばかり。品川湾《わん》を突破《とっぱ》し、太平洋を渡《わた》って遠く米国まで聞こえたというのですから、実に日本の勇気にさすがのアメリカ人も驚いたろうと思います。

馬からヒラリと飛び下りた曲垣平九郎、馬の首筋《くびすじ》を撫《な》で、

「馬公、よく乗せたぞ」

と褒《ほ》めると、畜生《ちくしょう》も、

「旦那のやりくりのうまいのには驚きました」

と感心をしております。

平九郎は全身ビッショリの汗ですが、おのれの汗を拭《ふ》くよりも、先《ま》ず馬の手当が第一。手洗水《みたらし》へ曳《ひ》いてま

いりまして、手拭《てぬぐい》を絞《しぼ》り、全身の汗を拭き取ってやり、口からよだれと綿のような泡《あわ》を吹いているのを、柄杓《ひしゃく》の柄《え》を口の中へ突っこんで、舌の上からグイグイこいてやる。馬はさも心地よげに口を開いている。この手当が済むと口を手洗水の中へ突っこんでやるのが、馬にとっては何よりのご馳走《ちそう》。

やがて馬の手当が済むと平九郎は、おのれもうがい手水《ちょうず》に身を浄《きよ》め、正面の拝殿《はいでん》に額《ぬか》ずけば、ここに安置《あんち》し奉《たてまつ》るは、これぞ京都愛宕山《あたごやま》の写《うつ》し、御本尊《ごほんぞん》は勝軍地蔵菩薩《しょうぐんじぞうぼさつ》。しばらく祈念《きねん》をこめて、かたえの梅園《ばいえん》へまいりますと、源平《げんぺい》の梅花、このあたりがよかろうと、枝ぶりのよさそうな所を、小柄《こづか》を以《もっ》て切り折ります。そして懐中《かいちゅう》から白紙《はくし》を取り出し、根元をしっかり巻付《まきつ》けて襟元《えりもと》へ差すと、平九郎は繋《つな》ぎし馬にヒラリとまたがり、

「さあ、馬公よ、登るに易《やす》く下《お》りるに難《かた》し。これからが命賭《いのちが》けだぞ」

平九郎が馬を乗り進めて石段の下《お》り口までやって来ると、ヒョイと顔を出した馬が逆《さか》さになると驚いた。

「旦那、危ない！　逆さまになる」

「上がったのだから、下りるのだ」

「だ、旦那、こんな急な坂、下りられませんよ」

と、パッと後ずさりをします。その姿の見えたときに将軍家光公が、

「かかる天下の名人、万一にも怪我過《けがあやま》ちあっては惜《お》しきことである。女坂《おんなざか》を下りよ。決して男坂《おとこざか》を下りるな」

天地金《てんちきん》の扇面《せんめん》をサッと開いて、「下りるな、下りるな」とおっしゃったが、上から見ると何をおっしゃる

ことやら聞えません。ただ扇《おうぎ》をもって差し招くのだけは平九郎に見えますので、「さては上様には大分ご性急《せいきゅう》と見える、弓矢の神も照覧《しょうらん》あれ。南無《なむ》勝軍地蔵菩薩、擁護《ようご》のまなじりを垂《た》れさせ給《たま》え。見事この坂を下ろさしめ給え」

と一心《いっしん》に祈誓《きせい》をこめて、厭《いや》がる馬の両の鐙《あぶみ》を踏《ふ》ん張りまして、手綱《たづな》をグッと引き締めます。平九郎、鞍《くら》の後ろにグッと背筋《せすじ》を押し付け、いっぱいに締め付けたから、馬の首は胸へめり込むよう、馬は息をすることができません。そこで強く締め付けた手綱の右を緩《ゆる》めると、馬の右足が前に出ます。次に左の手綱を緩めると、ハッと息を吐いて、左足が前に。この調子にのって、馬が前足を千鳥《ちどり》に踏《ふ》んで、斜《なな》めになって下りてまいります。乗っている人は一つ間違えば、なき命と覚悟《かくご》をしておりますが、下で見ている者は、

「ああ、ああ、ああ、どうなる、どうなる……」

「貴殿は何をしておられるのだ。さっきから口を開いたり手を出したりして……」

「もし落ちて来たら、この手で助けてやろうと思って……」

「落ちて来たって、手を出したところでどうなるものではない」

「そうは言うがな、人情で自然とこうなるのだ」

なるほど人情で手を出す訳でございます。

薄氷《はくひょう》を踏む心をして一同が見ておりますと、天下の名人と言われる者は、何か人の意表に出ることをやらなければなりません。坂もうあと十五、六段という所まで下りてまいりますと、「ハイヨーッ」という声。

「何かするぞ」

と、一同が思わず平九郎に目をやると、馬はにわかに棹立《さおだ》ちになった。「あれあれ」と人々は驚《おどろ》くうちに、「ハイ、コラーッ」と、一つ馬を棹立ちにしておいて諸角《もろがく》を蹴《け》込んだから、十五、六段上から飛び下りた訳ですが、乱暴《らんぼう》なことをする人で。下が敷石《しきいし》ですから、馬の蹄《ひづめ》がピシーッと敷石にあたる。馬は思わず「痛いーッ！」。まさか言いますまいが、馬がゴロリと横ざまに倒《たお》れんとするときに、平九郎ヒラリと軽く飛び下りましたが、襟元《えりもと》に差した花びら一輪も落としません。平九郎馬の轡《くつわ》を取って、

「ドーッ、ドーヨ、ドーヨ」

「旦那、乱暴なことをしちゃいけませんぜ」

「まあ我慢《がまん》してくれ。これくらい派手《はで》にやらないと儲《もう》からない」

「旦那ばかり儲かったって、こっちはたまりませんよ……」

馬が苦情を言うのも無理はございません。横腹に付いた泥《どろ》を払ってやり、首筋を撫《な》でた曲垣平九郎、轡《くつわ》を取るとおもむろに、

「曲垣平九郎の舎人《とねり》はいずれにある。馬を曳《ひ》け、馬を曳け！」

と言う声。平九郎の馬丁《べっとう》がやって来て、クタクタになっております馬の轡を取って退出をいたします。平九郎は襟に差した源平の梅花をうやうやしく目八分《めはちぶん》に捧《ささ》げて、これを松平伊豆守の前へ差し出します。

将軍をはじめとして、居《い》並ぶ諸侯《しょこう》、ただ手を打ち叩《たた》き、扇《おうぎ》を上げてほめる声は耳も聾《ろう》するばかり。伊豆守《いずかみ》信綱《のぶつな》は扇を上げて、

「でかしたり、曲垣。あっぱれなり、よくぞいたしたり」

平九郎ニッコリ笑い、

「曲垣平九郎、上様御上意、山上《さんじょう》の梅花《ばいか》二枝《ふたえだ》、手折《たお》りましてござります。枝振《ぶ》りなど御意《ぎょい》に叶《かな》わずんば、何べんなりとも山上に駆け上がり、梅花を折り取りまいりまする」

大変な法螺《ほら》を吹きましたが、伊豆守がこのことを将軍家に申し上げますと、

「曲垣をこれへ」というお言葉があり、御前《ごぜん》にまかり出《い》でます。

「そちは曲垣平九郎と申するか。馬に乗っては日本一の名人なるぞ」

「ハ、ハハーッ」

「余《よ》は何も梅の枝が欲しゅうて、わがままを言ったのではない。徳川の武《ぶ》はどのあたりまでかを試《ため》さんとして命じたのだ。そちが見事山上に駆け上がり、梅花を折り取ってくれたので、徳川の武勇《ぶゆう》は昔に変わらぬ立《りっ》派《ぱ》なもの。褒《ほ》めてつかわす。今日、この功によって平九郎、褒美《ほうび》を取らする」

と、お腰《こし》にありました志津三郎兼氏《しづさぶろうかねうじ》が鍛《きた》えた名刀《めいとう》を、手ずからこれを曲垣平九郎に下《くだ》しおかれます。お供《とも》の大名方が喝采《かっさい》の手を打ち叩いて、褒《ほ》め称《たた》えたということでございます。

長い「寛永三馬術」のうち、序開《じょびら》き『出世の春駒』という一席でございます。

●作品の背景●

曲垣平九郎、向井蔵人《むかいくろんど》、筑紫市兵衛《ちくしいちべえ》を主人公とした長編武芸講談のうちの一席です。講釈界で昭和の名人として知られた、五代目宝井馬琴《たからいばきん》（明治三六年（一九〇三）～昭和六〇年（一九八五））の名演が有名で、現在でも馬琴門下の宝井琴調《きんちょう》をはじめ、多くの講釈師が演じています。

曲垣平九郎は実在した人物ですが、生没年は不詳《ふしょう》。讃岐《さぬき》（香川県）高松藩の丸亀《まるがめ》城主・生駒壱岐守高俊《いこまいきのかみたかとし》に仕《つか》えた江戸前期の馬術家で、名は盛澄《もりずみ》。のちに平九郎は尾張《おわり》（愛知県）藩で九百石を得ました。生駒家が御家騒動《おいえそうどう》で滅《ほろ》びた後は、越前国《えちぜんのくに》（福井県）の松平忠直《まつだいらただなお》に仕えましたが、忠直も罰《ばっ》せられたので浪人をしたと言われています。

ここで取り上げた話は寛永《かんえい》十一年（一六三四）一月二十八日に、三代将軍徳川家光《とくがわいえみつ》が芝増上寺《しばぞうじょうじ》参拝《さんぱい》の帰りに愛宕山《あたごやま》を通り過ぎる際に起きた出来事とされますが、史実としては備前国《びぜんのくに》（岡山県）の藩士・市森《いちもり》彦三郎《ひこさぶろう》という人物が、愛宕山の石段を馬で駆け上るのを念願とし、それを果たした記録が残っており、『寛永三馬術』の曲垣平九郎はこの彦三郎をモデルにしたと考えられています。

ここで挙げた話の他、『寛永三馬術』では、曲垣流の秘術を会得《えとく》しようとする度々平《どどへい》と平九郎との主従《しゅじゅう》愛や、越前宰相《さいしょう》の御前《ごぜん》で荒馬《あらうま》を乗りこなす度々平（実は向井蔵人《くろうど》）と和田平《わだへい》（実は平九郎）のくだりなどが演じられることがあります。

知っておきたい用語集

台徳院殿秀忠《だいとくいんでんひでただ》 天正《てんしょう》七年（一五七九）～寛永《かんえい》九年（一六三二）。徳川家康《いえやす》の三男で、江戸幕府二代将軍。母は西郷氏於愛《さいごうしおあい》の方《かた》。幼名長松《ようみょうちょうまつ》（長丸《ちょうまる》とも）、また竹千代《たけちよ》。法号《ほうごう》を台徳院。天正十八年（一五九〇）に元服《げんぷく》し、豊臣秀《ひで》吉《よし》の偏諱《へんき》（自分の名の一字を与える）を受けて秀忠と名乗った。

芝三縁山広度院増上寺《しばさんえんざんこうどいんぞうじょうじ》

→増上寺《ぞうじょうじ》 東京都港区芝《しば》公園にある浄土宗《じょうどしゅう》関東大本山《だいほんざん》。山号《さんごう》は三縁山《さんえんざん》。もと貝塚村《かいづかむら》（千代田区）にあったが、徳川家康《いえやす》の入府《にゅうふ》とともに徳川家の菩提所《ぼだいしょ》となって興《こう》隆《りゅう》した。慶長三年（一五九八）現在地に移転した。

上意《じょうい》 主君《しゅくん》や支配者の考え。特に将軍の命令。

愛宕山円福寺《あたごさんえんぷくじ》

→愛宕山《あたごやま》 東京都港区芝《しば》公園北方の小丘陵《しょうきゅうりょう》で、標《ひょう》高《こう》二十六メートル。山頂《さんちょう》にある愛宕神社への石段《いしだん》として、東側社前《しゃぜん》の急斜面《きゅうしゃめん》に八十六段ある男坂《おとこざか》、その北に女坂《おんなざか》がある。大正十四年（一九二五）に日本最初のラジオ放送局が設置された。現在はNHK放送博物館がある。

→円福寺《えんぷくじ》 慶長八年（一六〇三）、徳川家康《いえやす》の命《めい》により創建《そうけん》。家康が信仰した勝軍地蔵菩薩《しょうぐんじぞうぼさつ》を勧請《かんじょう》（迎《むか》えて安置する）し、愛宕神社を創建《そうけん》。同神社の本地仏《ほんじぶつ》（神社が祀《まつ》っている神を仏の代わり身とすること）として別当寺《べっとうじ》（神社を管理するための寺）の円福寺に祀った。明治期の廃仏毀釈《はいぶつきしゃく》（仏教の抑圧、排斥運動）により廃寺《はいじ》となり、勝軍地蔵菩薩像は近くの真福寺《しんぷくじ》に移されたが、関東大震災《だいしんさい》で焼失《しょうしつ》した。

源平《げんぺい》の梅花《ばいか》

→源平咲《げんぺいざき》 同じ一本の木に、紅白《こうはく》の花が二色、または三色咲くものを指し、源平の戦いの旗印《はたじるし》が赤と白であったことから、そのように呼んでいる。

股立《ももだち》 袴《はかま》の左右の腰《こし》の両側のあきを縫《ぬ》い止めた所。

明智左馬之助《あけちさまのすけ》

→明智秀満《あけちひでみつ》 安土桃山時代《あづちももやまじだい》の武将《ぶしょう》。明智光秀に仕《つか》えてその女婿《じょせい》（娘の夫）となる。福知山《ふくちやま》城主。本能寺《ほんのうじ》の変では先鋒《せんぽう》を務めたが、山崎の戦いで光秀が敗死すると、光秀の本城《ほんじょう》坂本に入り自刃《じじん》した。

佐々木梶原《かじわら》

↓梶原景季《かじわらかげすえ》　鎌倉初期の武将《ぶしょう》。景時《かげとき》の子。通称源《げん》太《た》。宇治川《うじがわ》の戦いで名馬・磨墨《するすみ》を駆《か》って佐々木高綱《たかつな》と先陣《せんじん》（一番乗り）を競《きそ》った。父とともに駿河狐崎《するがきつねがさき》で戦死。

諸角《もろがく》

↓諸鐙《もろあぶみ》　左右の鐙（馬具の一種で、乗る人が足を掛《か》けるもの）。

伊豆殿《いずどの》・松平伊豆守《まつだいらいずのかみ》

↓松平信綱《まつだいらのぶつな》　江戸初期の大名《だいみょう》。武蔵国川越藩主《むさしのくにかわごえはんしゅ》。将軍徳川家光《いえみつ》と家綱《いえつな》に仕《つか》え、島原天草《しまばらあまくさ》の乱や由井正雪《ゆいしょうせつ》の乱、明暦《めいれき》の大火《たいか》などを処理。伊豆守《いずのかみ》であり、才知に富んだことから、「知恵伊豆」と称された。

轡《くつわ》　馬の口にくわえさせて、手綱《たづな》をつけて馬を制御《せいぎょ》するのに用いる用具。

淳和《じゅんな》奨学《しょうがく》両院《りょういん》の別当《べっとう》　淳和院と奨学院との別当（長官）。元々両院それぞれに別当を置き、源氏の公卿《くぎょう》で上位の者が命じられたが、のち久我《くが》氏の世襲《せしゅう》となった。室町時代三代将軍足利義満《あしかがよしみつ》が源氏の長者《ちょうじゃ》として両院別当となってからは、足利氏および徳川氏累代《るいだい》（代々）の将軍が将軍宣下《せんげ》とともにこの称を継《つ》ぎ、明治維新に及んだ。

征夷大将軍《せいいたいしょうぐん》　元は平安期に蝦夷《えぞ》（現在の東北地方）征討《せいばつ》のために臨時《りんじ》に派遣《はけん》された遠征軍《えんせいぐん》の指揮官《しきかん》であったが、鎌倉時代以後、幕府政権の長たる者の呼び名となった。将軍。

一天万乗《いってんばんじょう》　「乗」は車のことで、昔、中国で天子《てんし》は天下を治《おさ》め、また兵車《へいしゃ》一万を出すことのできる国土を有していたところから、天下を治める君主。天子。

還御《かんぎょ》　天皇、上皇《じょうこう》が行幸《ぎょうこう》（外出）先から帰ること。のちに将軍や公家に対しても用いられた。

床机《しょうぎ》　脚《あし》を打ち違《ちが》いに組み、尻《しり》の当たる部分に革や布を張った折り畳《たた》み式の腰掛《こしか》け。陣中《じんちゅう》（戦《いくさ》の最中）や狩り場、儀式《ぎしき》などで用いられた。床几。

一見識《いちけんしき》　人並み優れた見識。物事に対して持っているしっかりした考え。いっけんしき。

丸亀《まるがめ》　香川県北西部、瀬戸内海に面する市。もと京《きょう》極《ごく》氏の城下町、金毘羅《こんぴら》参りの船着き場として発展。うちわを特産とする。

輪《わ》乗《の》り　馬術で輪を描《えが》くように馬を乗り回すこと。

東京都港区の愛宕《あたご》神社の男坂

［編著者撮影］

題目《だいもく》　日蓮宗《にちれんしゅう》で唱《とな》える「南無妙法蓮華経《なむみょうほうれんげきょう》」の七字。

渺々《びょうびょう》　果《は》てしなく広いさま。遠くはるかなさま。

真帆片帆《まほかたほ》　帆をいっぱいにあげ、追風《おいかぜ》で走るのが真帆。帆を半分ほどにあげ、横風を受けて走るのが片帆。

鬨《とき》**の声**《こえ》　士気《しき》（戦《たたか》いに対する意気込み）を鼓舞《こぶ》する（高める）ために、多数の人が一緒《いっしょ》に叫《さけ》ぶ声。

天地乾坤《てんちけんこん》　「乾坤」も天地の意味。

勝軍地蔵菩薩《しょうぐんじぞうぼさつ》　→前出「愛宕山《あたごやま》円福寺」を参照。

小柄《こづか》　日本刀の鞘《さや》に付属する長さ十五センチメートル（柄は九センチメートル）ほどの細身《ほそみ》の小刀《こがたな》。

男坂《おとこざか》**・女坂**《おんなざか》　→前出「愛宕山《あたごやま》円福寺」を参照。

舎人《とねり》　雑務《ざつむ》を担った下級官人《かんじん》。

馬丁《べっとう》　ばてい。馬の世話をすることを仕事とする人。また、馬の口を取って引く人。

講談
歌舞伎

大岡政談より徳川天一坊・網代問答
（おおおかせいだん／とくがわてんいちぼう・あじろもんどう）

歴史
政談
才覚

●作品のポイント●

時代劇などでも取り上げられることの多い、江戸《えど》南町奉行《みなみまちぶぎょう》大岡越前守忠相《おおおかえちぜんのかみただすけ》（大岡忠相《おおおかただすけ》、大岡越前《おおおかえちぜん》）が活躍《かつやく》する「大岡政談」の一つです。

「大岡政談」は白子屋《しらこや》お熊《くま》（白子屋政談、髪結新三《かみゆいしんざ》）、煙草屋喜八《たばこやきはち》、村井長庵《むらいちょうあん》など十六編からなる物語で、ここで紹介するのは、越前守が自らの命をかけ、天下を盗《ぬす》み取ろうとする天一坊《てんいちぼう》の裁《さば》きに及ぶ、天一坊事件の一節です。

幕末《ばくまつ》に活躍し、「伯山《はくざん》は天一坊で蔵をたて」とまで詠《よ》まれた初代神田伯山《かんだはくざん》（?〜明治六年（一八七三））が得意にした演目で、ここではその長いストーリーの中から、天一坊と越前の直接対決シーンである「網代《あじろ》問答《もんどう》」を取り上げます。

難《むずか》しい言葉も並んでいますが、大悪党の天一坊とその一味の弁舌《べんぜつ》（話しぶりがよどみなく、口が達者《たっしゃ》なこと）に、名奉行大岡越前がどのように臨《のぞ》んでいくのか。その様《さま》を楽しんでください。

ここまでのあらすじ

紀州《きしゅう》和歌山の修験者《しゅげんじゃ》源氏坊改行《げんじぼうかいぎょう》は、八代将軍徳川吉宗《とくがわよしむね》の早逝《そうせい》したご落胤《らくいん》と同年同月同日の生まれと知って、身寄りの老婆《ろうば》を殺して、ご落胤であるという証拠の品を奪い、偽装《ぎそう》をして天一坊に成り代わります。

様々な悪行《あくぎょう》を重ねながら天一坊は、軍師である山内伊賀亮《やまのうちいがのすけ》、さらに天忠坊日真《てんちゅうぼうにっしん》といった悪人を配下《はいか》に加え、江戸へとやって来ます。

江戸では、老中筆頭松平伊豆守《ろうじゅうひっとうまつだいらいずのかみ》による取り調べで信用を得ますが、南町奉行大岡越前守《おおおかえちぜんのかみ》はその悪相《あくそう》に疑念《ぎねん》を感じ、将軍吉宗に再度取り調べの願いを申し出ます。

ところが老中の取り調べに異議《いぎ》を申し立てたことから、越前守は閉門《へいもん》を言い渡《わた》され、水戸中納言《みとちゅうなごん》に頼《たよ》るしかないと屋敷《やしき》を脱出。仔細《しさい》を聞いた、前《さき》の中納言綱條《つなさだ》が吉宗を問いただし、吉宗から許しを得た越前守は再び天一坊の取り調べを行うことにします。

しかし油断《ゆだん》をせず、相手のいかなる挑発《ちょうはつ》にものってはならないと釘《くぎ》を刺《さ》されている天一坊は動じることがありません……。

【本　題】

天一坊が大岡越前守の役宅《やくたく》へ来て見ると、一段高い所に、裃《かみしも》を着け、扇子《せんす》を膝《ひざ》に突《つ》き立てた越前守が控《ひか》えております。

越前が改めて天一坊の人相を見ると、やはり悪相に相違《そうい》いない。突っ立っている天一坊へ向かって、「これ、天一坊、下《した》におれ」と言うも、天一坊は無言のまま立っております。

「天一、今日、越前守、役目をもってその方《ほう》を改める。その方は耳が遠いか、下におれと申しておる」

すると控《ひか》えておりました山内伊賀亮《やまのうちいがのすけ》が膝《ひざ》を進めて、

「越前殿に申し上げまする。上《かみ》へ対して下におろうとはご無礼《ぶれい》ではござらぬか」

「何が無礼だ。その方は何じゃ？」

「拙者《せっしゃ》は山内伊賀亮《やまのうちいがのすけ》と申する者」

「その方が伊賀亮か。何が無礼であるか？」

「たとえお役儀《やくぎ》にもせよ、天一坊様は上様《うえさま》ご総領《そうりょう》のご公達《きんだち》。まず御座《ござ》の間《ま》へお通し申し、寒暖《かんだん》のご挨拶《あいさつ》があって後にお調べあるが当然。しかるにご自分は一段高いところにおって、下におれとは何事。それ故《ゆえ》、ご無礼だと存ずる」

「黙《だま》れッ。今日《こんにち》は南町奉行大岡越前守、天下の政道《せいどう》を承《うけたまわ》って吟味《ぎんみ》いたす。上座《じょうざ》におるが何の不都合《ふつごう》。下におれ。これより越前、吟味《ぎんみ》をいたす。一々《いちいち》返答いたせ」

「すべてのことはこの伊賀亮のあずかるところ。何事も伊賀亮にお尋《たず》ね、これあるよう」

「しからばこれより越前の調べる条々《じょうじょう》、一々答えをいたせ、伊賀亮」

「はっ」

「この天一坊は佐渡国相川《さどのくにあいかわ》の在《ざい》、浄覚寺《じょうかくじ》より美濃国《みののくに》へまいり、上様《うえさま》ご落胤ということがわかり、その美濃から大坂へまいったのじゃな」

「御意《ぎょい》にございます」

「何故《なぜ》、すぐに江戸表《おもて》へまいらぬ。江戸表にお父上様がありながら、何で用もない大坂へ回った。大坂は町人が多く、武家《ぶけ》が少ないところであるから、まず大坂の人の耳目《じもく》を驚《おどろ》かせようという考え。早く申せば、山師《やまし》のいたし方。なぜ莫大《ばくだい》な入費《にゅうひ》を使って大坂へ回ったか。これについて答えがあるか、どうじゃ」

「佐渡国にご出生《しゅっしょう》にあいなり、なお美濃国常楽院《じょうらくいん》にご滞在。一度は円頂黒衣《えんちょうこくい》の姿により、世は捨てねども、世に捨てられし御身《おみ》の上《うえ》。よって生涯《しょうがい》は日蓮宗《にちれんしゅう》の僧《そう》として終わるとまで仰《おお》せありしを、われわれどもご意見申し上げ、当将軍ご総領《そうりょう》の御身《おんみ》でありながら、これをこのままにして髪《かみ》をおろし、生涯仏門《しょうがいぶつもん》に入ることよろしからず。少しも早く江戸表へならせられ、御父君《おちちぎみ》にご対面《たいめん》あって、ご安堵《あんど》をおさせ申し上げてこそ、しかるべき由《よし》を申し上げました。しかし、長らく民間においでにあいなり、殊《こと》に日蓮宗の僧と相《あい》なったるがために、おおきに俗《ぞく》に遠ざかられる。されば大坂の地にしばらく足を留《とど》め、なお、京地にいたり、諸礼諸式をお習い遊ばしたき思《おぼ》し召《め》し、それゆえ、京地にしばらく滞在をいたしました次第《しだい》でござる」

「しからば尋《たず》ねるが、天一坊は日蓮宗の僧じゃな」

「御意にございます」

「これ、伊賀亮、日蓮宗の出家《しゅっけ》なれば、なぜ、出家相当のいでたちをいたして江戸表へまいらぬ。日蓮宗の出家《しゅっけ》でありながら、弓槍鉄砲《ゆみやりてっぽう》の持ち道具を所持いたすは、出家にあるまじきこと。たとえいかなるお身分たりとも、出家たる者が弓槍鉄砲の諸道具を所持《しょじ》いたすべきものでない。これ、すなわち衆目《しゅうもく》を驚《おどろ》かす致《いた》し方《かた》ならずや。出家の法式《ほうしき》をもって江戸表へ下《くだ》らぬのはどういう訳じゃ」

「弓槍鉄砲はわれわれが持ってお供《とも》をいたしました。天一坊様のお持ち弓、お持ち槍、お持ち筒《づつ》というものは一つもございませぬ。お持ち遊ばすはお薙刀《なぎなた》ばかり。治《ち》に居て乱を忘れず、家に鼠《ねずみ》、国に盗賊《とうぞく》。この世にいかなる謀反人《むほんにん》がないとも限りませぬ。すでに恐《おそ》れながら、三代の上様《うえさま》ご上洛《じょうらく》の節、箱根の山中にて乗物へ鉄砲を向けたる曲者《くせもの》のありしことを聞き及びおりまする。また当上様、先年日光ご社参《しゃさん》のみぎり、お乗物へ弾丸《たま》を打ち込んだ者がございました。二の弾丸をこめて己《おの》が咽喉《のど》を撃《う》って相果《あいは》てましたによって、この者の姓名《せいめい》はわかりませぬけれども、これは何者かに頼《たの》まれたのであるということは、貴殿《きでん》もご承知《しょうち》のはず。されば天一坊様を亡《な》き者にし、何人《なんぴと》かをもってご落胤と称《とな》え、江戸へ乗り込もうと謀《はか》る者があったればいかがなさる。それゆえ、ご尊体《そんたい》につつがあっては相済《あいす》まずと存じ、われわれが弓槍鉄砲を持ってお供をいたしました」

これには越前守もいささか閉口《へいこう》の体《てい》。何分《なにぶん》にも伊賀亮は役者が一枚上らしい。

「うむ、しからば相尋《あいたず》ねるが、この天一坊を上様のご落胤としてどれほどの位《くらい》がある。上野に御座《ござ》あらせらるる輪王寺《りんのうじ》の宮様《みやさま》と、天一坊の身分とはどのくらい違《ちが》うか、これを聞きたい。どうじゃ」

「されば、京都からのお勅使《ちょくし》が到着いたしまして、一条《いちじょう》、二条《にじょう》、近衛《このえ》、九条《くじょう》、鷹司《たかつかさ》、これを五摂家《ごせっけ》と称《とな》えて、ご登城《とじょう》になりますときには、中のご門にてご下乗《げじょう》に相なります。四親王家《ししんのうけ》と称えて、有栖川宮《ありすがわのみや》、閑院宮《かんいんのみや》、京極宮《きょうごくのみや》、伏見宮《ふしみのみや》、この御四人《およったり》はお玄関《げんかん》前からお上がりになり、芝の方丈《ほうじょう》、すなわち大僧正《だいそうじょう》はお玄関前から上がり、上野の宮様はお玄関横づけに遊ばすというのは、禄取《たかとり》は多くございまするが、宮様のお沓《くつ》に手を掛けるものがござらぬため、関白《かんぱく》の沓を中納言《ちゅうなごん》以下の者が取っては無礼《ぶれい》としてございます。よってお玄関横づけに遊ばして、ご登城にあいなりまする次第《しだい》。輪王寺の宮様と天一坊様とを同一に見ることはできませぬ」

「うむ、その輪王寺の宮様は、飴色網代蹴出《あめいろあじろけだ》し、塗《ぬ》り棒《ぼう》の御乗物にお乗り遊ばす。天一坊はそれと身分の相違《そうい》がありながら、同じく飴色網代、蹴出し塗り棒の乗物に、誰の許しを受けて乗った。これすなわち、衆人の目を驚かせようといたしたる業《わざ》。これについて答えあるか。どうじゃ」

「されば、その仔細《しさい》、お話申し上げん」

と、ここで伊賀亮が開き直って、とうとうと述べ立てましたのは、徳川家康公《いえやすこう》は天文《てんぶん》十一年極月《ごくげつ》二十六日ご誕生《たんじょう》。ご幼名《ようみょう》を竹千代《たけちよ》。三州鳳来寺峰《さんしゅうほうらいじみね》の薬師《やくし》というのに十二童子《どうじ》というものがあって、そのうちの寅《とら》童子のお木像《もくぞう》が家康公がお生まれになったときに失った。されば家康公は寅童子のご化身《けしん》だとなっており、元和《げんな》二年四月十七日にご他界《たかい》になったとき、その寅童子の木像がご無沙汰《ぶさた》と言って元へ戻ってきた。一旦《いったん》失ったので、一体拵《こしら》えたところが再び現れてきたから、峰の薬師には十二童子が十三童子になっております。

「猿《さる》の尾は短し、虎《とら》の尾は長し」という言葉がありますが、秀吉公《ひでよしこう》は猿に似ていたから、倅《せがれ》の代になって滅び、家康公は虎に似ていたために天下を掌握《しょうあく》した。

ですから家康公が智略《ちりゃく》に優《すぐ》れていることは別段で、ご自分は征夷大将軍《せいいたいしょうぐん》の職を握《にぎ》っているが、万一、尊《とうと》きお方の逆鱗《げきりん》に触《ふ》れ、関東を追討《ついとう》するなどということがあっては大事ですから、家康公は皇子御一方《みこおひとかた》の関東ご下向《げこう》を願います。その理由は京都御所《ごしょ》の鬼門《きもん》除けは比叡山延暦寺《ひえいざんえんりゃくじ》でございますから、関東へも江戸城の鬼門除けの一寺を建立し、なお皇子をその寺にお迎え申し上げたいという願い。いわば体の好い人質でございます。皇子を関東へ招いておけば、もしも万が一のことが起こっても、南朝北朝《なんちょうほくちょう》のごとく、錦《にしき》の御旗《みはた》を立って押《お》してくれれば、こちらも錦の御旗を立てようという家康公のお考え。

そのことのほぼ決まったときに、一条関白兼家《いちじょうかんぱくかねいえ》という御仁《ごじん》。この兼家という方はお顔が猿に似ていたことから、十六歳で元服《げんぷく》を遊ばしたときに、「猿の頭に冠《かんむり》着せけり」と悪口を言われた。このとき、兼家公が「元服は未《ひつじ》の刻《こく》に傾《かたむ》きて」と仰《おっしゃ》い、それで三十一文字、立派《りっぱ》な歌になったと言います。

この兼家と秀吉とを取り違《ちが》えて、秀吉公が猿に似ていたと申しますが、実はこの兼家が猿に似ていて、秀吉は犬に似ていたというものの、犬面異相《いぬめんいそう》といって、口が大きくって耳が垂《た》れていて、目尻《めじり》が下がっているというのは、どちらにいたしましても人間には遠かったと見えます。

その一条兼家公が、

「征夷大将軍たる者が鬼門を恐《おそ》れるというはどういう訳だ。さようなことを恐れない者を選び、征夷大将軍にするがよろしい。もし鬼門ぐらいを恐れるならば退役《たいえき》をなさい」

と言ってくる。そこで二代の将軍秀忠《ひでただ》公の代になり、家康公ご他界《たかい》の際に「皇子様のご下向《げこう》を願わなければ、徳川の家は安泰《あんたい》でない。よってその方《ほう》よしなに取り計《はか》らって、必ず実行してくれるように」とご遺言《ゆいごん》になった。

二代将軍はご如才《じょさい》のない方ですから、ご自分のお姫様の和子《まさこ》というお方を京都へ中宮《ちゅうぐう》に差し上げた。のちにこの方を東福門院《とうふくもんいん》様と申し上げました。そこで二代将軍が参内《さんだい》をなすったが、そのときに関白鷹司《たかつかさ》公に数々のお使い物。これで関白の心をすっかり握《にぎ》っておいて、秀忠公がまた三代家光公《いえみつ》に対してご遺言になってご他界。

三代家光公はご同胞《きょうだい》ですから、東福門院様へお話になり、鷹司関白にご沙汰《さた》がありましたから、ここで初めて関東へ皇子をお下《くだ》しになり、江戸の鬼門除けというものができるようになりました。

京都の鬼門除けは比叡山。延暦《えんりゃく》十三年伝教大師《でんぎょうだいし》の開山《かいざん》で建てたから延暦寺。江戸城の鬼門除けは上野。開基《かいき》は天海僧正《てんかいそうじょう》。寛永《かんえい》元年に建立《こんりゅう》になったから寛永寺。叡山《えいざん》を関東に移すという意味で東叡山《とうえいざん》。そのときにこの上野の宮様のお乗物についてご相談になり、陽《よう》の緋《ひ》の色では悪いというので、上へ黒い漆《うるし》をかけて朱黒色《しゅぐろいろ》。これを俗《ぞく》に飴色《あめいろ》といいます。

これらの話を持ち込んで、山内伊賀亮が、

「天一坊様、ご親子《しんし》ご対顔《たいがん》の上は、いかなる御位《みくらい》におつきになるか。たとえばご還俗《げんぞく》にて御三家《ごさんけ》同様にあいなり遊ばすか、ないしは日蓮宗のご出家《しゅっけ》で終わらせられるか。いまだご身分が定まりませぬから、陽の緋色《ひしょく》とあいなっては悪いと存じ、陰《いん》の飴色網代《あじろ》にお乗せ申し、ご道中なれば、おみ足を投げ出して差し支《つか》えなきよう蹴出《けだ》しを設《しつら》え、出家であるによって、黒の塗り棒にいたしました。そのいずれが悪いとおっしゃりますか」

滔々《とうとう》と水の流るるごとき伊賀亮の弁舌《べんぜつ》。このとき、大岡越前守しばらくの間お考えになっておりましたが、問答を続けていては、伊賀亮の弁口《べんこう》のために説《と》き伏せられ、恥辱《ちじょく》の上に恥辱を重ねる道理と考えましたから、

「しからばそれにてよろしい。ついてはお墨《すみ》付き、短刀《たんとう》の二品を拝見《はいけん》いたしとうござる」

「委細承知《いさいしょうち》いたしてござる」

待ってましたと言わんばかり、お墨付き、お短刀の二品を取り寄せて越前守の前へ出す。越前守忠相ご覧《らん》になると、吉宗《よしむね》公がお認めになったものに違いない。お短刀も志津三郎兼光《しづさぶろうかねみつ》の鍛《きた》えた一刀《いっとう》。葵御紋《あおいのごもん》散らしが付いておりますから、こればかりは偽物《にせもの》とは思われない。

このとき、越前守、何を思ったのか、お席を下がり、物をも言わず傍《かたわ》らにいた天一坊の手を取って引き立てる様子《ようす》。一同さてはと思ううちに、かねて御座《ござ》の間《ま》を設《しつら》えておきましたから、そこへ案内をする。前に御簾《みす》を下げ、後ろに金屏風《きんびょうぶ》を立て廻《まわ》し、お手あぶり、お煙草盆《たばこぼん》、お紙台《かみだい》、お肘《ひじ》掛け、すっかり揃《そろ》っております。

「まず御一統《ごいっとう》にもこれへ」

御簾の前のところに赤川大膳《あかがわだいぜん》、藤井左京《ふじいさきょう》、常楽院天忠坊《じょうらくいんてんちゅうぼう》、山内伊賀亮が控《ひか》える。

越前守忠相、はるかに後に下がって両手をつき、

「天下のおためとは申しながら、重ね重ねご無礼の段、恐れ入りまする。越前の儀《ぎ》は差し控え、閉門謹慎《へいもんきんしん》仕《つかまつ》り、さらに御親子《ごしんし》ご対顔《たいがん》の儀をお取り計《はか》らい仕《つかまつ》りまする。まずそれまでは八《や》ツ山御殿《ごてん》へお引取りを願いまする」

このとき、赤川大膳が、

「恐れながら申し上げます」

御簾のうちから天一坊、

「ああいや、取り次ぐには及ばぬ。お父上が名奉行《めいぶぎょう》とおっしゃるほどあって、今日《こんにち》の調べ、よく行き届いている。閉門には及ばぬ。越前、余は美濃表を出立《しゅったつ》いたしてより、片時《へんじ》も早くお父上にお目通りをいたしたいと存じおったるところ。よしなに取り計《はか》らいくれよ。今日は大儀《たいぎ》であった」

山内伊賀亮それへ進み、

「まことに今日は失礼を申し上げてござる」

「手前こそ恐れ入りました。この上とも御前体よろしく」

「かしこまってござる。一日も早くご対面になるよう、お取り計らいを願います」

「委細承知《いさいしょうち》いたしてございまする」

それ還御《かんぎょ》というので、先の通り、行列を揃《そろ》えて悠々《ゆうゆう》と戻《もど》って行く。越前守殿ご門前へ両手をついて控《ひか》えている。越前守が頭を下げておりまするうちに、シーッ、シーッという警蹕《けいひつ》の声とともに、天一坊の行列は八ツ山を指して戻って行きます。やがて頭を上げた大岡越前守忠相、行列の行く跡《あと》をハッタと睨《にら》み、

「享保《きょうほう》二年、町奉行を仰《おお》せつけられ、今日《こんにち》までただの一度も不覚《ふかく》を取ったることなきに、憎《にく》むべき奴《やつ》は天一坊。恐るべき奴は山内伊賀亮。たとえ今日恐れ入っても、御《おん》親子御対顔《ごたいがん》の儀《ぎ》を何とて取り計らおうか。今一度調べし上、きっと恐れ入らしてくれるぞ」

と拳《こぶし》を握り、歯を食いしばっておいでになると、ご門番《もんばん》の姿をしていた池田大助がそれへ進んで、

「恐れながら、ここはご門前《もんぜん》にございます」

「おお、さようか」

大助に心づけられてわれに返った越前守、そのまま奥へお引取りになりました。こうなるともう登城《とじょう》はできません。登城をすれば上様が、さあ越前どうしたとお尋《たず》ねになるのは必定《ひつじょう》。そのときに今日の問答《もんどう》に負けました。もう一度調べさせていただきたいとは申し上げられない。といって、御親子御対顔をさせることはなおさらできない。いかがいたしたものであろうと、しばらくは両手を組んだまま考えておられたが、この上は病気の届けをして、その上じっくりと工夫をしようと、ここで越前は早速に病気届を差し出しました。

さて、こちらは天一坊の一行、八ツ山御殿へ立ち帰って来て、ホッと一息。

赤川大膳が、

「いや、山内先生、今日はご苦労でございました。実に先生のご弁舌滔々《とうとう》水の流るるごとく、越前守も恐れ入ってしまいましたな。これでもう恐るるものはございますまい。のう、藤井」

「さよう、もう大丈夫《だいじょうぶ》。事成就《じょうじゅ》も近いうちだろう。まことにめでたいことだ。先生、ご苦労でございました」

一同が喜ぶに引き替えて、山内伊賀亮はうれしい顔もしない。

「いやいや、まだめでたいといって安心はできぬ。越前は恐れ入ったと口にこそ言ったものの、心から恐れ入った訳ではない。拙者《せっしゃ》の弁舌に一時は恐れ入って、御親子御対顔を取り計らうと言ったが、あれは嘘《うそ》だ。今一度調べるか、それが叶《かな》わぬときは腹かっさばく覚悟《かくご》じゃ。恐るべきは越前守、あっぱれの男だ」

「先生がそう弱音《よわね》を吐いては困ります。して、この先はどうなります」

「されば、まず大岡が書き置きを残して腹を切って死ぬ。けれども何本書き置きがあろうとも、それは越前が乱心の所為《しょい》とあって、その書き置きは焼き捨てられてしまう」

「なるほど」

「越前が死んでくれれば、われわれの望みは成就するが、なかなか越前は腹は切るまい」

「それでは先生、忍びの者でも遣《つか》わして、越前を亡《な》き者にいたしたら」

「馬鹿《ばか》を申せ、さようなことをすれば、かえって越前のために捕《と》らえられ、自ら望んでことを仕損《しそん》ずるようなものだ。まずこの伊賀亮が越前ならば、病気届をして、病気引き籠《こ》もりのうちにことをするが、越前は今、問答に負けて気が苛立《いらだ》っているところだから、病気というところへは気が付くまい」

と言っているところへ、

「申し上げます」

「何じゃ」

「大岡越前守公用人白石治右衛門《こうようにんしらいしじえもん》という者が参りまして、御上還御《おかみかんぎょ》の後、急に病気につき、全快次第、御親子御対顔の儀、取り計らいまするにより、御前体よろしくご披露《ひろう》を願います」

これを聞くと、赤川、藤井が、

「先生、越前が病気届」

「ううむ、えらい奴《やつ》は越前、決しておのおの油断《ゆだん》はならぬぞ」

「へえ、どうなりましょう」

「まず越前自身が行くか、それとも公用人が行くか、必ず紀州へ調べに行くであろう。行きが四日、帰りが四日、往復八日、先方《むこう》の調べが四日と見積もって、前後十二日かかるが、駕籠《かご》が二挺《ちょう》行けば越前の家来《けらい》が行くのだし、一挺なれば越前が行くのだ。今にこの前を乗物が通るに違いない。見ていなさい」

「さようでございましょうか」

一段高い八ツ山から御殿の窓を開いて、今か今かと待っている所へ、エッサ、エッサと二挺の乗物が品川を指して宙《ちゅう》を飛んで行く。

「それ見なさい。駕籠が行くだろうな」

「先生、二挺でございますな」

「うむ、心利《こころき》きたる家来二人を遣《つか》わすものと見える」

と言ったが、山内の察《さっ》しの通り、病気届をしておいて、大岡越前守、紀州調べを思い立ち、公用人白石治右衛門、吉田三五郎《よしださんごろう》の両人を紀州へ遣わし、天一坊の身の上を調べるという、いよいよ紀州調べのお話に移りますが、「徳川天一坊」より『網代問答《あじろもんどう》』の抜き読みでございます。

●作品の背景●

この物語に登場する天一坊こと、天一坊改行《てんいちぼうかいぎょう》（元禄《げんろく》十二年（一六九九）～享保《きょうほう》十四年（一七二九））は実在した江戸時代中期の山伏《やまぶし》で、享保十四年（一七二九）に捕《と》らえられ、最後は鈴ヶ森《すずがもり》の刑場で獄門《ごくもん》となりました。また、実際に事件を裁《さば》いたのは大岡忠相ではなく、関東郡代《ぐんだい》であった伊那半左衛門《いなはんざえもん》であったとされます。

この網代問答のあと、大岡越前守は白石治右衛門と吉田三五郎の二名に紀州調べをさせ、天一坊の素性《すじょう》を突《つ》き止めさせます。そして、その正体《しょうたい》を将軍吉宗に報告し、最終的に天一坊一党を召《め》し捕《と》ります。

江戸後期に活躍した初代神田伯山《かんだはくざん》（生年不詳～明治六年（一八七三））は「大岡政談」を得意としたことから、「天一坊伯山」と称されたこともあり、現在は同じ神田派の神田松鯉《かんだしょうり》、神田春陽《かんだしゅんよう》、また二〇二〇年に六代目神田伯山を襲名する予定の神田松之丞《かんだまつのじょう》といった講釈師が取り組んでいます。

知っておきたい用語集

早逝《そうせい》　若くして死去すること。

落胤《らくいん》　身分の高い男が正妻《せいさい》以外の身分の低い女性に生ませた子。おとしだね。御《ご》落胤。

偽装《ぎそう》　人の目をごまかすために、ある態度や行動などをすること。カモフラージュ。

悪相《あくそう》　恐《おそ》ろしい人相。醜《みにく》い顔つき。

閉門《へいもん》　門を閉めること。謹慎《きんしん》の意を表すために、門を閉《と》ざして家に籠《こも》ること。また、江戸時代に武士《ぶし》や僧侶《そうりょ》に科せられた刑罰《けいばつ》の一つで、門や窓を閉ざして出入りを禁じたこと。

中納言《ちゅうなごん》　太政《だいじょう》官職の一つで、職掌《しょくしょう》（役割）は大納言とほぼ同様で、天皇に近侍《きんじ》（そば近くで仕《つか》える）し、奏上《そうじょう》（天皇に意見や事情などを申し上げる）・宣下《せんげ》（天皇の命令を伝える文書を公布する）をつかさどったが、大納言のように大臣の職務を代行することはできなかった。

裃《かみしも》　江戸時代武家《ぶけ》の正装（フォーマル）の一種で、同質同色の上・下が対《つい》になったもの。

総領《そうりょう》　家名《かめい》を継ぐべき人。家の相続人《そうぞくにん》。跡《あと》取り。いちばん初めに生まれた子。

公達《きんだち》　親王《しんのう》や諸王など、皇族《こうぞく》といった人々。

佐渡国《さどのくに》　現在の新潟県の佐渡島全域。

相川《あいかわ》　新潟県佐渡市《さどし》西部の地名。佐渡金山《きんざん》とともに盛衰《せいすい》した。

美濃国《みののくに》　現在の岐阜県の南部。

江戸表《えどおもて》　地方から政治の中心地である江戸を指していった語。

耳目《じもく》を驚《おどろ》かす　世間の人を驚かす。

山師《やまし》　儲《もう》け話を持ちかけて他人を欺《あざむ》く者。詐欺師《さぎし》。

円頂黒衣《えんちょうこくい》　まるめた頭に墨染《すみぞ》めの衣《ころも》。僧の姿。

衆目《しゅうもく》　多くの人の見る目。多くの人の観察。

筒《つつ》　ここでは「鉄砲《てっぽう》」のこと。

上洛《じょうらく》　都（京都）へ行くこと。地方から都へのぼること。上京。

乗物《のりもの》　ここでは「駕籠《かご》」のこと。

輪王寺《りんのうじ》　ここでは「東京都台東区上野公園にある天台《てんだい》宗《しゅう》の寺。もと東叡山寛永寺《とうえいざんかんえいじ》の本坊《もとぼう》」のこと。

勅使《ちょくし》　天皇の意思を直接に伝えるために派遣《はけん》される使い。

五摂家《ごせっけ》　鎌倉時代以後、藤原氏のうちで摂政《せっしょう》・関白《かんぱく》に任じられる五つの家柄《いえがら》で、近衛《このえ》・九条《くじょう》・二条《にじょう》・一条《いちじょう》・鷹司《たかつかさ》の五家《ごけ》をいう。

四親王家《ししんのうけ》　江戸時代、伏見宮《ふしみのみや》・京極宮《きょうごくのみや》（桂宮《かつらのみや》）・有《あり》栖川宮《すがわのみや》・閑院宮《かんいんのみや》の四家《しけ》をいう。親王家。皇族。

飴色網代蹴出し《あめいろあじろけだし》　飴色をした網代編《あ》み（杉・竹などの細い薄板を互《たが》い違《ちが》いにくぐらせて編む編み方）の部分が蹴出し（腰巻《こしま》き）のように下部を取り巻いている駕籠。

三州《さんしゅう》　三河国《みかわのくに》（愛知県東部）の異称（別名）。

逆鱗《げきりん》に触《ふ》れる　天子《てんし》の怒《いか》りをかう。目上の人を激しく怒らせる。

鬼門《きもん》　陰陽道《おんようどう》で、邪悪《じゃあく》な鬼が出入りするとして万事に忌《い》み嫌われた艮《うしとら》（北東）の方角。

錦《にしき》の御旗《みはた》　赤地の錦に、日月を金銀で刺繍《ししゅう》をしたり、描《か》いたりした旗。鎌倉時代以後、朝敵《ちょうてき》（朝廷の敵）を征討《せいばつ》する際に官軍の旗印に用いた。錦旗《きんき》。

中宮《ちゅうぐう》　天皇の母、天皇の后《きさき》の別称。

同胞《きょうだい》　ここでは「三代家光《いえみつ》と東福院《とうふくいん》が、同じ父親（二代将軍秀忠《ひでただ》）を持つ兄弟」であること。

緋色《ひいろ》　深紅色《しんこうしょく》。スカーレット。

八《や》ツ山《やま》　東京都品川区北品川に広がる丘陵地《きゅうりょうち》。

御簾《みす》　神前・宮殿などで、直接貴人《きじん》を見ることのできないように、部屋の仕切りや建物の外側に掛けた簾《すだれ》。

よしなに　よいように。不都合《ふつごう》が生じないように。

大儀《たいぎ》　ここでは「御苦労《ごくろう》」という意味。

還御《かんぎょ》　天皇・法皇・三后《さんこう》が出かけた先から帰ること。転じて、将軍・公卿《くぎょう》が出先から帰ること。

警蹕《けいひつ》　声を掛けて回りをいましめ、先払いをすること。天皇の出入のときや貴人《きじん》の通行のとき、または神事《しんじ》のときなど、下を向いて、「おお」「しし」「おし」「おしおし」などと言ったもの。また、その声。

主な参考文献

『定本講談全集』（講談社）
『講談全集』（大日本雄辯會講談社）

編集協力者
瀧　口　理　恵
神　谷　桜　子
枡　居　　　奏

さくいん

あ行

か行

さ行

た行

な行

は行

ま行

や行

📖 ら行

📖 わ

瀧口雅仁(たきぐち・まさひと)
1971年東京生まれ。演芸評論家。現在，恵泉女学園大学，和光大学講師。おもな著書に『古典・新作 落語事典』(丸善出版)，『噺家根問』『落語の達人』『演説歌とフォークソング』(彩流社)，『平成落語論』(講談社)，『落語を観るならこのDVD』(ポット出版)，編著に『八代目正蔵戦中記』(青蛙房)などがある。また CD「現役落語家名演集」(ポニーキャニオン)の監修・解説も担当している。東京都墨田区向島(江戸落語中興の祖・烏亭焉馬により「咄の会」が開かれた地)に開設した寄席「墨亭」の席亭を務める。

知っておきたい日本の古典芸能
講　談

令和 元 年 10 月 20 日　発　　行
令和 2 年 5 月 15 日　第 2 刷発行

編著者　瀧　口　雅　仁

発行者　池　田　和　博

発行所　丸善出版株式会社
〒101-0051 東京都千代田区神田神保町二丁目17番
編集：電話(03)3512-3261 ／ FAX(03)3512-3272
営業：電話(03)3512-3256 ／ FAX(03)3512-3270
https://www.maruzen-publishing.co.jp

組版印刷・藤原印刷株式会社／製本・株式会社 星共社

ISBN 978-4-621-30437-2 C 0376　　Printed in Japan